교육철학잡기 7

100가지 고사성어, 그 유람과 교훈들

2
0
2
4

어느 은둔 교육철학자의 사색과 탐구 에세이 ⑦

신창호

박영story

나의 아내 유희재 박사(1959~2021)를 그리며

머리말

『교육철학잡기』 일곱 번째, 제7권이다. 늦어진 글, 다시 『잡기』! 아, 시름에 빠진다. 어쩌면, 최근 몇 년간의 시공간은 내 인생에서 가장 힘든 세월인지도 모르겠다. 2023년 6월 28일에 장모님이 세상을 떠났다. 8월 15일에 49재를 지냈다. 2년 전에 먼저 피안으로 여행 간 나의 아내, 그 딸을 가슴에 품고, 94세로 일생을 마쳤다. 이후 상당 기간, 우울한 나날을 보냈다.

2020년-21년-23년, 이 3년여의 시간에는 슬픔만이 가득 찼다. 아버지와 장인은 이미 오래전에 떠나셨고, 이제 엄마와 아내, 그리고 장모까지 떠나셨으니, 천애고아(天涯孤兒)가 되었다. 더구나 안동 시우실에 은둔하다 보니, 천애고독(天涯孤獨)이다. 엊그제 떠나신 장모는, 피안(彼岸)에서 나의 데미안을 만날 때 어떠했을까? 반가웠을까? 안타까웠을까? 엄마와 아내와 장모 모두, 생전에 그랬듯이, 살아 있는 자들의 행복한 삶을 간절히 기원(祈願)하고 있으리라.

이러저러한 사정으로, 글이 제대로 손에 잡히지 않아, 이미 예약된 기본 활동과 농사 같지 않은 농사, 그리고 마당 잔디밭의 잡초 뽑기 등을 이어 가며 시간을 보냈다. 여러 가지 생각을 하다가, 밤 산책을 나왔다. 망천 시우실의 밤하늘에 반짝이는 별들이 너무 아름다웠다. 나의 데미안이 웃고 있는 것처럼 훤하다.

2023년 11월에 『교육철학잡기』 6권을 펴낸 후, 거의 2년이 지났다. 이번의 7권은 그간 틈틈이 보며 정돈해 놓은 고사성어(故事成語)를 모았다.

주지하다시피, 고사성어는, 옛날의 일, 즉 고사(故事)에서 유래한, 한자로 이루어진 관용어를 말한다. 특히, 과거 중국에서 일어난 역사적 사건이나 전설, 우화 등에서 비롯되어, 하나의 관용적 표현으로 굳어진 말이다. 두 글자에서 네다섯 글자에 이르기까지, 아주 짧은 몇 글자에 함축된 내용은, 그 의미가 너무나 질다. 인생의 희로애락을 담은 동시에, 삶의 교훈과 지혜를 던져 주기에, 수시로 음미하며 성찰하는 계기로 삼으련다.

2025. 11. 입동(立冬) 절기에

안동 시우실 망천서재에서

신창호

차례

한궁도병풍
작자 미상
국립고궁박물관 소장

가인박명(佳人薄命) - 아름다운 사람, 기구한 운명

문자

佳 아름다울 가　人 사람인　薄 얇을 박　命 목숨 명

독해

상식이 통하는 인간 사회는, 질서 정연하고 논리적인, 공명정대(公明正大)한 세상을 기대한다. 교육은 그런 상황을 조성하려는 중요한 장치다. 그런데 세상을 살다보면 불공평한 경우가 참 많다. 일반적인 생각으로 볼 때, 착한 사람은 그만큼 상을 받고 나쁜 사람은 그만큼 벌을 받아야 마땅하지만, 세상에는 그와 정반대의 경우도 흔하게 발생한다. 아름다운 사람은 오래 살면서 그 아름다움을 더욱 구가하기를 바라지만, 그렇지 않은 슬픈 현실을 마주하는 때도 있다.

정말, 미인박명(美人薄命)인가! 용모가 아름다운 사람, 마음씨가 착한 사람, 그들의 운명이 왜, 기구하거나 짧아야 하는가! 좋은 사람의 불행 앞에서, 아쉽고 안타까움이 더해지고, 그리움의 두께는 켜켜이 쌓인다.

이 '미인박명'과 동일한 표현으로 '가인박명(佳人薄命)'이라는 말이 있다. 그것은 「적벽부(赤壁賦)」로 유명한 소식(蘇軾), 즉 소동파(蘇東坡)의 시 가운데 한 구절로 읊어졌다. 어떤 연유인지 정확하지는 않지만, 여승(女僧)이 된 아름다운 여인을 노래한 시의 한 구절로 세상에 회자되었다. 칠언율시(七言律詩)로 구가한 「가인박명」은 아래와 같다.

쌍협응수발말칠(雙頰凝酥髮抹漆),
안광입렴주적력(眼光入廉珠的礫).
고장백련작선의(故將白練作仙衣),
불허홍고오천질(不許紅膏汚天質).
오음교연대아치(吳音嬌軟帶兒痴),
무한간수총미지(無限間愁總未知).
자고가인다명박(自古佳人多命薄),
폐문춘진양화락(閉門春盡楊花落).
두 뺨은 우유 빛, 머리칼은 옻칠을 한 듯 까맣고,
주렴 사이로 비치는 여인의 눈빛, 구슬처럼 또렷하네.
본디 선녀의 옷을 하얀 비단으로 짓고,
붉은 연지는 타고난 바탕 더럽힐까 바르지 않네.
오나라 지역의 애교 있는 말씨는 앳되기만 한데,
무한한 인생살이 근심은 다 알 수가 없다.
옛날부터 아름다운 여인의 운명, 기구하다 했지만,
문 닫고 봄이 다하면 버들 꽃도 지고 말겠지.

이 시는 소식이 지방에서 관직을 하고 있을 때, 우연히 어느 절에서 아름다운 여승을 보고, 문득 '옛날부터 아름다운 여인은 기구한 운명을 타고나는 경우가 많다!'라는 말을 떠올리면서 지었다고 한다. 소동파는 관직에 등용된 후, 정치적으로 적대 관계에 있는 사람들과 수시로 다툼을 벌였다. 그러다 보니, 지방의 변변찮은 관직을 맴도는 날이 많았다.

「가인박명」이라는 시가, 형식적으로는, 여승을 보고 시상을 떠올리며 그 감회를 노래한 것처럼 보인다. 하지만, 모든 시가 자신의 마음을 담고 있듯이, 이 시도, 어쩌면 본인의 기구하고 파란만장한 삶을 투영한 것은 아닐까? 자유롭고 활달하게 전개되는 시의 정서는, 인생에 관한 깨달음과 더불어, 새로운 감격을 안겨 준다.

가정맹호(苛政猛虎) – 가혹한 정치, 공포의 화신

문자

苛 가혹할 가　政 정사 정　猛 사나울 맹　虎 범 호

독해

인간의 삶에서 정치는 사회를 통솔하는 최고의 형식이다. 정치(政治)에서 '정(政)'은 옛날부터 '정(正)'으로 해석되어 왔다. 그것은 '기울어진 세상을 똑바르게 다스리라'는 의미를 강력하게 담았다고 생각된다. 그러기에 세상을 바르게 세우기 위한 생각으로 정치에 뛰어든 지도급 인사들은, '바르게 다스리는 일'이 무엇인지 심각하게 고민해야 한다.

동양의 정치에서, 비뚤어진 정치의 폐해를 잘 보여 주는 장면이 『예기(禮記)』「단궁(檀弓)」에 등장한다. 중국 고대 사회의 춘추시대 말기에 벌어진 이야기다.

당시, 공자의 고국인 노(魯)나라에서는 대부(大夫) 계손자(季孫子)가 권력의 실세 노릇을 하고 있었다. 세금을 혹독하게 징수하고, 백성들의 재산을 강제로 빼앗는 등, 이른바 '가렴주구(苛斂誅求)'가 횡행했다. 사람들은 오랫동안의 폭정(暴政)에 시달려 고달픈 인생을 겨우 이어 나가고 있었다.

어느 날, 공자가 수레를 타고 제자들과 함께 태산(泰山) 기슭을 지나가고 있었다. 이때, 한 여인이 애절하게 우는 소리가 들려왔다. 공자 일행은 가던 길을 멈추고, 여인의 울음소리가 나는 곳을 중심으로 주변을 살펴보았다. 길가 풀숲에 세 개의 무덤이 보였고, 여인은 그 앞에서 흐느끼고 있었다. 공자는 자로(子路)에게 무슨 까닭인지 알아보라고 했다.

이에 자로가 여인에게 다가가 물었다.

"부인, 무슨 일로 이렇게 슬피 울고 계십니까?"

부인은 사람이 다가온 줄도 모르고 울고 있다가, 깜짝 놀라며 고개를 들었다. 잠시 후, 이렇게 대답했다.

"이 곳은 아주 무서운 지역입니다. 몇 년 전에 제 시아버님이 호환(虎患)을 겪었습니다. 작년에는 남편이 그랬고, 이번에는 자식까지 호랑이한테 잡아먹혔습니다. 흐흐 흑!"

여인이 말한 '호환(虎患)'은 '호랑이에게 화를 당해 죽었다'는 소리다.

그러자 자로가 말했다.

"그런 고초를 겪고도, 왜 이곳을 떠나지 않으십니까?"

부인이 다시 말했다.

"하지만, 여기서 살면, 세금을 혹독하게 징수 당하거나 못된 벼슬아치에게 재물을 빼앗기는 일은 없습니다!"

자로가 돌아와 공자에게 여인의 말을 전했다. 그러자 공자는 제자들에게 다음과 같이 말했다.

"너희들, 잘 기억해 두어라! '가혹한 정치는 호랑이에게 화를 당하는 것보다 훨씬 무섭다!'"

가정맹어호(苛政猛於虎)!

가혹한 정치는 호랑이보다 더 사납다!

의미가 상당하다. 사람들이 느끼기에, 가혹한 정치는 호랑이에게 잡아먹히는 고통보다 무섭다! 때문에 올바른 정치는, 가혹한 정치인 '가정(苛政)'이나 포악한 정치인 '학정(虐政)'이 아니라, 사람들과 동고동락(同苦同樂)하며, 너그럽게 다스리는 '관정(寬政)'이어야 한다. 교육의 지향도 이 지점에서 거듭 성찰되어야 한다.

각자위정(各自爲政) - 제멋대로의 행동, 자기만의 정치

문자

各 제각기 각　自 스스로 자　爲 할 위　政 정사 정

독해

인간이 사회를 형성하여 더불어 살아가는 이유는 무엇일까? 제각기 자기 멋대로 행동하며 살아가는 것보다 함께 보듬고 배려하는 삶이 조금이라도 나은 인생을 펼칠 수 있다는 믿음 때문이 아닐까? 혼자만의 외로움보다 여러 사람과의 조화나 협력을 통해 삶을 풍성하게 만들 수 있다는, 경험적 판단!

『춘추좌전』에 보면, 인간 사회의 협력과 조화의 중요성을 보여 주는 한 사건이 기록되어 있다.

중국 고대의 춘추시대에 송(宋)나라는 진(晉)나라와 협력하며 우정을 과시하고 있었다. 우방국으로서 진나라와의 관계는 좋았지만, 송나라는 초(楚)나라와 사이가 멀었다. 이에 초나라 장왕(莊王)은 동맹국인 정(鄭)나라에 송나라를 쳐달라고 부탁했다. 당시는 국가 간에 패권을 다투던 시절이라, 제각기 힘을 과시하며 이웃 나라들을 위협할 필요가 있었기 때문이다.

정나라가 쳐들어온다는 정보를 입수하고, 두 나라 사이에 전투가 벌어지기 전날 밤, 송나라의 장군 화원(華元)은 병사들의 사기를 북돋우기 위해, 특별히 양고기를 삶아서 먹였다. 병사들은 아주 기뻐했다.

그런데 화원은 자신의 마차를 몰던 양짐(羊斟)이라는 부하에게 양고기를 주지 않았다. 주변에서 이를 보고 있던 한 장수가 마차를 모는 부하에게 양고기를 주지 않는 이유를 물었다. 화원이 말했다.

> 마차부 따위에게 잘 먹일 필요는 없다! 마차부는 전투에서 직접 창과 칼, 활을 쏘는 병사와 다르다. 특별히 하는 일도 없지 않은가! 장군인 내가 하는 일에 함부로 참견하지 말게!

다음날 송나라와 정나라의 전투가 시작되었다. 화원은 양짐이 모는 마차 위에서 지휘를 했다. 송나라와 정나라의 군사들 모두가 잘 싸우다 보니, 전투의 승패가 쉽게 나지 않았다. 그러자 화원이 양짐에게 명령했다.

"마차를 적의 병력이 허술한 오른쪽으로 돌려라!"

그러나 양짐은 화원의 명령을 따르지 않고, 정나라 군사가 밀집해 있는 왼쪽으로 마차를 몰았다. 당황한 화원이 소리를 내질렀다.

"네 이놈, 도대체 어디로 가는 거야!"

양짐은 마차를 더욱 세차게 몰면서 간단하게 응수했다.

"어제 양고기를 나눠 주는 것은 당신의 뜻이었다. 오늘 마차를 모는 일은 나의 생각이다!"

양짐이 모는 마차는 곧바로 정나라 군사가 모여 있는 곳으로 들어갔고, 화원은 포로가 되고 말았다. 대장이 포로가 된 것을 본 송나라 병사는 전의(戰意)를 상실했고, 정나라는 대승을 거두었다. 송나라의 패배는 양짐이 화원의 지휘에 따르지 않고, 각자가 자신의 정치를 했기 때문이다.

인간이 서로 배려하거나 협력하지 않고 제멋대로 행동하면, 실패를 낳을 수 있다. 그것이 바로 '각자위정(各自爲政)'의 결과다.

간담초월(肝膽楚越) - 다른 마음, 등지고 사는 인생

문자

肝 간 간　膽 쓸개 담　楚 나라 이름 초　越 나라 이름 월

독해

중국 고대의 춘추시대, 공자의 고국인 노(魯)나라에 왕태라는 사람이 있었다. 왕태는 발뒤꿈치가 잘리는 형벌을 받아 불구가 되었다. 하지만 덕망이 높아 제자가 많았다. 이를 이상하게 생각한 상계라는 제자가 공자에게 물었다.

선생님! 왕태는 죄를 지은 자 아닙니까? 그런데도 배우려고 찾아오는 제자가 많습니다. 그 명성이 노나라 내에서 선생님과 쌍벽을 이룰 정도입니다. 얼핏 보기에는, 별로 가르치는 내용도 없고, 그렇다고 진지한 토론을 하는 것도 아닙니다. 그런데 그를 찾아갔던 사람은 반드시 흡족해서 돌아간답니다. 뭔지 모르지만, 말없는 가르침이 있는 모양입니다. 몸은 불구일지라도 덕이 넘치는 것을 보면, 참으로 이해하기 힘든 일입니다!

공자가 말하였다.

아니다! 그건 네가 너무 단편적으로만 본 것이다. 그 분은 진정한 성인이다. 나도 한 번 찾아가고 싶었는데, 아직 기회가 없었다. 나는 그를 스승으로 모시고 싶을 정도다. 그 분은 노나라를 넘어, 온 세상을 이끌 수 있는 도량을 지녔기에, 함께

따르고 싶을 만큼 존경할 만한 분이다!

상계가 다시 물었다.

"그렇다면, 그 분은 도대체 어떻게 마음을 다스릴까요?"

공자가 말하였다.

그 분은 삶과 죽음을 초월하고 있다. 세상이 무너지더라도 동시에 떨어지지 않을 정도다. 사물과 그 이치를 잘 파악한다. 사물과 함께 움직이지 않을 만큼 변화로부터도 초연하다. 게다가 자연의 변화에 순응하여 세상의 도리가 어떠한지 그 근본을 잘 지키고 있다.

상계가 또 다시 물었다.

"그건 또 무슨 뜻입니까?"

공자가 말하였다.

마음을 다르게 먹고 있는 사람의 눈으로 보면, 간이나 쓸개처럼 긴밀한 몸속의 기관조차도 초나라와 월나라처럼 관계가 없는 존재로 느껴진다. 마음을 같이 하고 있는 사람의 눈으로 보면, 모든 사물은 하나다. 그 사람은 귀나 눈으로 외부 사물을 좇지 않고, 마음을 도덕성의 화합에 두고 있다. 사물의 같음을 보고 다름을 보지 않으며, 삶과 죽음을 하나로 본다. 발뒤꿈치를 잘리는 형벌을 당했지만, 그것을 땅에 떨어뜨린 것처럼 조금도 마음에 두고 있지 않으니, 정말 훌륭한 인물이 아닌가!

『장자』에 나오는 이야기다. 인간이 서로 마음이 맞지 않으면, 내 몸 안에 있는 간과 쓸개처럼 서로 밀접한 관계에 있더라도, 아무런 관계가 없는 사물처럼 되어 버린다. 초나라와 월나라의 상황과 같이 원수처럼 느껴지게 된다. 이에 '간담초월(肝膽楚越)'은 '서로 등지고 만다!'라는 의미로 사용된다.

교육이 무엇이던가? '서로 등지고 사는 모습'을 '서로 마주보고 사는 모습'으로 바꾸는 작업 아닌가? 서로 등을 돌리고 서 있는 모습의 '배(背)', 즉 배반(背叛)이 아니라, 그런 인간 사회의 모습을 조금씩 깨달으며, 손을 맞잡고 나아가려는 사랑 만들기가 아닌가?

강퍅자용(剛愎自用) - 고집불통, 우쭐대는 태도

문자

剛 굳셀 강　愎 괴팍할 퍅　自 스스로 자　用 쓸 용

독해

특별한 경우를 제외하고, 대부분의 사람은 나름대로의 주장과 고집을 가지고 살아간다. 그것이 긍정적으로 작용할 때는 주체적 차원의 인생이 펼쳐질 수 있지만, 고집불통이 되거나 제멋대로의 아집에 빠질 경우, 인생이 일그러질 수도 있다.

『춘추좌전』<선공 12년>에 다음과 같은 이야기가 실려 있다.

진나라와 초나라 사이에 전쟁이 벌어졌다. 승부를 가리기도 전, 초나라 군사들이 후퇴하기 시작하면서 문제가 발생한다.

당시, 진나라 군대의 총사령관은 순림부라는 장수였다. 순림부는 초나라 군대가 후퇴하는 것을 이상하게 여기고, 적군의 형세와 전반적인 정세를 분석했다. 그 결과 후퇴하는 초나라 군사를 더 이상 추격하지 않기로 결정했다. 그런데 그 아래에 있던 부사령관인 선곡이 순림부의 명령을 따르지 않고, 수하의 군사들을 거느리고 추격전을 벌였다. 순림부는 할 수 없이 전군에 명령을 내려 초나라 군대를 추격하도록 했다.

이때 초나라 군 내부에서도, 선술을 어떻게 구사할 것인지, 논란이 벌어졌다. 대부인 오삼은 뒤돌아서 진나라 군대를 공격하자고 주장했고, 영윤인 손숙오는 추격해 오는 것을 내버려두고 계속 퇴각하자고 주장하였다. 이에 오삼은 급히 초나라 장왕을 찾아가 맞서 싸우자고 강력하게 호소했다. 오삼이 장왕에게 말했다.

> 전하! 진나라 장수 순림부는 사령관에 임명된 지 얼마 되지 않았습니다. 때문에 그의 명령을 따르는 사람이 별로 없습니다. 그리고 부사령관인 선곡은 고집이 세고 모진 사람입니다. 그런 만큼, 제멋대로 일을 처리하고 있습니다. 이들의 상황을 볼 때, 공격만 하면 이길 수 있습니다. 도대체 왜 치지 않는단 말입니까?

이 말을 들은 초나라 장왕은 손숙오에게 반격하도록 명령했다. 그렇게 하여 진나라 군대는 결국 대패하였다. '강퍅(剛愎)'은 이런 상황에서 나온 말이다. '고집이 세고 제멋대로 하는' 선곡과 같은 인간의 행동이나 태도를 말한다.

이 '강퍅'은 흔히 '자용(自用)'이라는 말과 함께 쓰인다. 『춘추좌전』〈환공 13년〉에 다음과 같은 기록이 있다. 춘추시대 초나라 무왕 때 있었던 일이다. 어느 날 무왕은 굴가라는 장군에게 근처의 작은 나라인 나국을 치도록 명령했다. 이때 굴가를 배웅하고 돌아온 두백비라는 대부가 임금 앞에 나서며 말했다.

"이번 싸움에서 굴가는 반드시 패할 것입니다. 그러니 일찌감치 지원군을 보내야 할 것으로 생각됩니다!"

그러자 무왕은 어리둥절했다. 싸움을 치르기도 전에 지원군부터 보내라니? 이 무슨 뜻인가? 무왕은 곁에 있던 왕후 등만에게 물었다. 왕후는 잠시 생각에 잠겼다가, 바로 대답했다.

전하! 대부 두백비가 건의한 진정한 의도는, 단순히 지원군을 보내자는 데 있는 것이 아닙니다. 굴가 장군이 지난번에 조그마한 나라인 운국과의 싸움에서 이긴 일로 교만해진 태도를 걱정하는 것입니다. 굴가 장군은 지금 우쭐해져서, 반드시 나국을 가볍게 여길 수 있습니다."

무왕은 왕후의 말을 옳다고 판단하고, 급히 사람을 보내 굴가에게 '신중히 처사하라!'는 명령을 전했다. 그러나 그 사람은 굴가를 따라잡지 못하고 돌아왔다. 결국, 굴가의 대군은 나국과 노융국의 군사들이 필사적으로 방어하는 바람에 변변히 싸워 보지도 못한 채 대패했다. 굴가는 이를 부끄럽게 여겨 자살하고 말았다.

굴가처럼 우쭐대는 태도를 '자용(自用)'이라고 한다. 그 말이, 고집이 세고 제멋대로 하기를 즐기는 '강퍅(剛愎)'과 합쳐져, '강퍅자용(剛愎自用)'이라는 고사성어를 낳았다.

'강퍅자용'은 일종의 고집불통인 인간을 말한다. 자기주장을 고집부려 멋대로 함을 비유하여 이르는 언표이다. 일상생활에서도 '강퍅하다.'라고 하면, 고집이 센 사람, 제멋대로 행동하는 사람을 일컫는다. 상황에 따라 '강퍅자용'의 인간이 필요할지도 모르겠다. 그러나 가능한 한 합리성을 고려하는 삶의 미덕을 발휘하는 역량 연마가 보다 중요하지 않을까?

개과천선(改過遷善) - 잘못을 고쳐 나가는 착한 사람

문자

改 고칠 개　過 허물 과　遷 옮길 천　善 착할 선

독해

세상일을 하다 보면, 동일한 사안을 처리하는 과정에서도, 어떤 경우에는 개선(改善)이 되고, 어떤 때는 개악(改惡)이 된다. 그것은 정확한 상황 판단, 악을 선으로 전환하려는 의도 등등, 다차원적 삶의 지혜를 요구한다.

중국 진(晉)나라 혜제(惠帝) 때, '주처(周處)'라는 사람이 있었다. 주처의 집안은 원래 명문가였다. 하지만 청소년 시기에 아버지가 세상을 떠나고 집안이 기울면서 그의 행동은 빗나가기 시작했다. 이른바, 일탈 행위를 일삼는 비행 청소년이 되어 버렸다. 하루 종일 여기저기를 돌아다니며 나쁜 짓을 저지르고, 난폭하게 주먹을 휘둘러 댔다. 사람들은 그를 보기만 해도 피해 다녔다.

그런데, 무슨 까닭인지 잘 모르겠으나, 어느 날부터 주처의 행동이 조금씩 달라지고 있었다. 자신의 잘못을 뉘우치고 착한 사람이 되려고 노력하는 모습이 역력했다.

하루는 주처가 마을 사람들에게 물었다.

"여러분은 왜 저만 보면 피해 다니고 얼굴을 찡그리십니까?"

마을 사람이 말했다.

"당신은 이 지방의 세 가지 해악 가운데 하나이기 때문이오. 남산에 있는 '사나운 호랑이'와 다리 아래에서 혀를 내두르고 있는 '뱀'과 주처 '당신'이, 바로 그 세 가지 해악이오!"

이 말을 듣고 난 주처는, 더욱 착한 새 사람이 되어야겠다고 각오를 다졌다. 그 약속의 증거로 마을 사람들에게 다음과 같이 약속했다.

"제가 이 세 가지 해악을 반드시 없애겠습니다!"

그리고 남산에 올라가 호랑이를 잡아 죽이고, 다리 밑으로 가서 뱀을 처치하고 돌아왔다. 그렇게 했음에도 불구하고, 마을 사람들은 그를 반갑게 맞이하지 않았다. 하지만 주처는 포기하지 않았다. 또 다시 착한 사람이 되겠다는 결심하고, 당시 사람들에게 가장 존경받던 학자인 육기(陸機)·육운(陸雲) 형제를 찾아뵙고 자문을 구했다.

그러자 육기 형제는 다음과 같이 충고해 주었다.

> 자네가 굳은 의지를 가지고 옛 허물을 고쳐 착한 사람이 된다면, 자네의 앞날은 걱정할 것 없네! 지난 일을 너무 마음에 두지 말고, 새사람이 되도록 노력하며 살게!

이런 격려를 받은 후, 주처는 열심히 학문을 닦았고, 10년 후에는 큰 학자가 되었다.

여기에서 '허물을 고쳐 착한 사람이 되는 일'을 '개과천선(改過遷善)'이라고 한다. 이 말은 '자신의 잘못을 고친다.'라는 의미에서 '개과자신(改過自新)'이라고도 한다. '개사귀정(改邪歸正)'이나 '방하도도(放下屠刀)'라는 말도 유사한 표현이다.

교육은 '허물을 고치는 작업'에 일조해야 한다. 교육이나 학습이 그런 양식이 아니라면, 선으로 옮겨갈 수도, 자신을 새롭게 발전시켜갈 수도, 올바른 방향으로 나아갈 수도, 그 어떤 개선도 기대하기 어려우리라.

거안제미(擧案齊眉) - 공경하는 마음, 싹트는 사랑

문자

擧 들 거　案 소반 안　齊 가지런할 제　眉 눈썹 미

독해

세상을 살아가는 인간의 출발은 '부부(夫婦)'라는 가족 구성의 기초에서 비롯된다. 그런 만큼, 남편과 아내 사이에는, 애틋한 사랑, 지극 정성, 상호 공경이라는 삶의 양식이 스며든다. 이 부부애(夫婦愛)를 나타내는 의미심장한 표현이 있다.

거안제미(擧案齊眉)!
밥상을 눈썹까지 들어 올린다!

『후한서』「일민전(逸民傳)」에 보면, 양홍(梁鴻)이라는 사람의 아내인 맹광(孟光)에 관한 이야기가 실려 있다.

맹광은 얼굴이 새까맣고 추한 데다가 몸도 뚱뚱했다. 하지만 일반 여인들이 가지고 있지 않은 장점이 있었다. 그녀는 돌절구를 들어 올릴 정도로 힘이 세었고, 마음이 상냥하고 착했다. 이 때문에 마을에서 평판이 좋았고, 사방에서 혼담이 들어왔다. 하지만, 자신의 외모 때문인지, 다른 이유가 있는지, 무슨 연유인지는 몰라도, 맹광은 계속 혼담을 거절했다. 그러다가 서른 살의 노처녀가 되었다.

어느 날, 돼지를 기르며 생계를 꾸려 가던 양홍이라는 사람에게서 혼담이 들어왔다. 서른 살의 노처녀가 되었다는 위기 때문인지 다른 그 무엇이 마음을 움직였는지, 이번에는 스스로 나서서 시집을 가겠다고 했다. 양홍이 청혼을 받아들이며 부탁했다.

"특별한 혼수품은 필요 없습니다. 일용품만 가지고 오세요!"

양홍의 요청에 따라 맹광은 아무 혼수품도 없이 일용품 몇 가지만 가지고 양홍의 집으로 갔다. 시집 온 이튿날부터 평소에 입던 옷으로 갈아입고 일을 했다. 양홍은 그러한 아내를 보고 흡족해 했다.

"당신은 정말로 나의 아내다!"

당시는 왕망(王莽)이 신(新)나라를 세우고 난 직후여서 세상이 혼란스러웠다. 양홍은 아내의 내조를 받으며 열심히 공부하여 학식과 인품이 높아졌다. 이에 많은 사람들이 혼란한 시기를 함께 극복하자며 유혹의 손길을 뻗어 왔다.

그러나 양홍은 오히려 그런 유혹의 손길을 피해 아내와 함께 산속으로 들어가 버렸다. 거기에서 땅을 갈고 베를 짜며 2년을 살았다. 하지만 산속에까지 유혹의 손길이 뻗쳐오자, 부부는 오(吳)나라로 가서 자신의 이름을 감춘 채, 남의 집 한쪽에 조그마한 방 한 칸을 세내어 살았다. 양홍은 매일 방앗간의 일을 도우며, 목구멍에 풀칠할 정도의 적은 수입으로 겨우 연명했다. 그런데도 아내 맹광은 허름한 옷차림이지만 매일 남편을 따뜻하게 맞았고, 밥상을 눈썹 높이 들어 공손히 남편에게 식사를 권했다. 눈물 나는 인생이 아닐 수 없다.

이 이야기에서 '형채포군(荊釵布裙)'과 '거안제미(擧案齊眉)'라는 표현이 알려지게 되었다. '가시나무 형(荊)-인동 넝쿨 채(釵)-베 포(布) 치마 군(裙)', 이 네 글자로 만들어진 '형채포군'은 허름한 옷차림으로 살아가는 모습을 말한다. '들 거(擧)-밥상 안(案)-가지런할 제(齊)-눈썹 미(眉)', 이 네 글자로 만들어진 '거안제미'는 아내가 예의를 다해 공경하는 마음으로 남편을 섬기는 일을 의미한다. '형채포군'과 '거안제미'라는 언표는, 부부 관계를 넘어, 인간이 자신의 파트너를 어떤 방식으로 만나고 대우하는지, 깊은 사색으로 빠지게 만드는 고사다.

견토지쟁(犬兎之爭) - 쓸데없는 다툼, 제3자의 이익

문자

犬 개 견　兎 토끼 토　之 갈지　爭 다툴 쟁

독해

인간이 살아가는 사회에서, 절대적 영역의 평화(平和)가 자리할 수 있을까? 상당수의 사람들이 평화와 안정을 바라지만, 뒤집어 생각해 보면, 상대적으로 전쟁과 불안이 삶의 제반 영역을 뒤덮고 있는 듯하다. 물론, 잠시나마, 일시적으로 평화가 찾아올 수는 있다. 생각하기에 따라서는, 전쟁이 극심한 시절에도 평화의 기운이 스며들어 있음을 감지할 수 있다. 혹시, 인간의 삶이라는 것이, 사회를 구성하는 순간부터, 쓸데없이 다투는 시간과 공간 속으로 빠져드는 건 아닐까?

중국 고대의 전국시대, 제(齊)나라 왕에게 발탁된 순우곤이라는 사람이 있었다. 그는 교묘하고 능란한 말솜씨로 해학(諧謔)과 변론이 뛰어난 유세객(遊說客)이었다. 제나라 왕이 위(魏)나라를 치려고 하자 순우곤은 다음과 같이 말해 주었다.

전하! 이런 일화가 있습니다. 한자로(韓子盧)라는 아주 발 빠른 개가 동곽준(東郭逡)이라는 매우 재빠른 토끼를 뒤쫓았습니다. 그들은 수십 리에 이르는 산기슭을 세 바퀴나 돌았습니다. 그 다음에는 가파른 산꼭대기까지 다섯 번이나 올라갔다 내려왔습니다. 그렇게 쫓고 쫓기다가 개도 토끼도 모두 지쳐 쓰러져 죽고 말았습니다.

이때 그것을 발견한 전부(田夫: 농부)가 있었습니다. 개와 토끼를 힘들이지 않고 잡았으니 횡재를 한 것이지요.
제나라와 위나라는 오랫동안 대치해 왔습니다. 그만큼 군사도 백성도 지치고 쇠약하여 사는 꼴이 말이 아닙니다. 서쪽의 진(秦)나라나 남쪽의 초(楚)나라가 이를 계기로 '전부지공(田父之功)'을 거두지 않을까 걱정입니다. 즉 개와 토끼를 한꺼번에 모두 잡은, 횡재한 농부처럼 말입니다.

이 말을 듣고, 제나라 왕은 한참 동안 생각에 잠겼다. 그리고 위나라를 칠 생각을 깨끗이 버렸다. 그 후에는 오직 부국강병(富國强兵)에 힘썼다. '개와 토끼의 다툼'처럼, 저지르지 않아도 될, 쓸데없는 짓을 '견토지쟁(犬免之爭)'이라 한다. 개와 토끼, 이 양자의 다툼에, 제3자인 농부가 힘들이지 않고 이익을 보는 일, 이를 비유한 말이 '견토지쟁'이다. 어떤 측면에서 보면, 인간 사회도 이런 상황으로 점철되어 있는 건 아닌가?

결초보은(結草報恩) - 죽어서도 못 잊고 갚는 은혜

문자

結 맺을 결　草 풀 초　報 갚을 보　恩 은혜 은

독해

인간의 삶은 배려와 배려, 또는 배신과 배신, 때로는 배신과 배려 사이를 오고 가는 듯하다. 만남과 대화의 양상이 그렇게 느껴진다. 그 가운데, 은혜를 베풀고 갚는 형태가 가장 일반적이면서 인간적인 삶의 모습으로 그려지기도 한다.

중국 고대의 춘추전국시대, 진나라 문공은 춘추오패(春秋五霸) 가운데 한 사람이었다. 문공의 휘하에는 위주라는 용맹한 장군이 있었다. 그는 전장에 나갈 때마다 두 아들, 즉 위과와 위기를 불러 놓고 유언을 하고 떠났다.

"내가 전쟁에서 싸우다 죽거든, 내가 사랑하는 첩 조희(祖姬)를 양반집의 좋은 사람에게 시집보내 주어라!"

그런데 위주는 전쟁에 나가 죽지 않고, 병이 들어 죽음에 임박했다. 이때, 두 아들을 불러 놓고, 조희를 자기와 함께 묻어 달라고 유언했다. 당시에는 지위가 높은 사람이 죽으면, 그의 사랑하던 첩들을 순장하는 관습이 있었기 때문이다. 하지만 위과는 아버지의 유언을 따르려 하지 않았다. 대신 아우인 위기가 아버지의 유언대로 하자고 고십했다. 이에 위과가 말했다.

아우야! 아버지께서는 평소에 이 여자를 양반집에 시집보내

주라고 유언을 하셨다. 병석에 계시다가 임종 때 하신 말씀은 정신이 혼미하여 그렇게 말씀하신 것이다. 예로부터 효자는 "정신이 맑을 때 말씀하신 부모님의 당부를 따르고, 정신이 혼미할 때 하신 부탁이나 말씀은 따르지 않는다!"라고 했다.

형 위과의 말에 따라 아버지의 장례를 마치고, 두 아들은 그녀를 좋은 집으로 시집보내 주었다.

그런 일이 있은 후, 얼마 지나지 않아, 두 형제는 두회라는 진나라 장수를 맞아 전쟁을 치르게 되었다. 두회는 어마어마한 장수였다. 하루에 호랑이를 다섯 마리나 잡았다는, 그것도 맨 주먹으로 쳐서 죽였다는 전설적인 인물이었다. 그것만이 아니었다. 2m미터가 넘는 키에 70kg이나 되는 큰 도끼를 손으로 휘두르며 싸웠다. 또한 온몸의 피부가 구리처럼 단단하여, 칼로 베고 창으로 찔러도 잘 들어가지 않는, 그런 용맹한 장군이었다.

위과와 위기 형제는 첫 싸움에서 패배하고, 그날 밤을 뜬 눈으로 지새우다시피 했다. 그런데 꿈인 듯 생시인 듯, 위과의 귓전에 무언가 속삭이는 소리가 들렸다.

"청초파(靑草坡)! 청초파!"

이상하다 싶어, 위과는 아우 위기에게 물었다.

"무슨 소릴 듣지 못했는가?"

위기가 말했다.

"무슨 소리? 아무 소리도 듣지 못했는데!"

무언가 이상함을 느낀 위과는 곰곰이 생각했다.

"청초파! 이게 뭐지?"

한참을 생각한 끝에, 그것이 한 지역의 이름이라는 것을 알았다. 그리고 진지를 그쪽으로 옮겨, 두회의 군대와 전쟁을 치르기로 했다.

이날도 적장 두회는 여전히 용맹을 떨치고 있었다. 그런데 위과가 멀리서 바라보니, 어떤 노인이 풀을 잡아매어, 두회가 탄 말의 발을 자꾸만 풀에 걸리게 만들었다. 말이 자꾸만 엮어 매어 놓은 풀에 걸려 무릎을 꿇으며 넘어지자, 두회는 말에서 내려와 싸웠다. 그러나 두회도 마찬가지였다. 자신의 주요 무기인 큰 도끼를 손에 들고 휘두르려고 해도, 발이 풀에 걸려 자꾸만 넘어졌다. 그 바람에 마침내 사로잡혀 포로가 되고 말았다.

두 형제가 싸움에서 이긴 그날 밤, 꿈에 그 노인이 위과에게 나타나 말했다.

> 나는 조희의 아비 되는 사람입니다. 장군이 선친의 부탁에 따라 내 딸을 좋은 곳으로 시집보내 준 은혜를 갚기 위해, 미약한 힘으로나마, 잠시 장군을 도와드렸을 뿐입니다!

그리고는 낮에 있었던 일을 설명하고, 다시, 그와 같은 장군의 덕망으로 인해 후손이 왕이 될 것이라고 일러 주었다고 전한다.

여기에서 '죽어 혼령이 되어도 풀을 엮어 매어 은혜를 갚는다!'라는 '결초보은(結草報恩)'의 고사가 생겨났다. 은혜란 바로 이런 것이다. 삶의 가치만큼이나 죽어 혼령이 되었어도, 살아 있을 때 배려해 주었던 사람의 은혜를 잊지 않고 갚는 의리! 인생의 아름다운 모습이다.

경원(敬遠) – 공경, 그 적절한 거리

문자

敬 공경할 경　遠 멀리할 원

독해

‘인생(人生)’이라는 ‘여정(旅程)’에서, 가까이 해야 할 일과 멀리 해야 할 일들이 생기게 마련이다. 그것은 지혜롭게 사는 요건이 되기도 한다. 『논어』「옹야」편에 보면, 공자의 제자 번지가 지혜롭게 사는 일에 대해 묻는 장면이 있다. 그때 공자는 다음과 같이 말한다.

> 무민지의(務民之義), 경귀신이원지(敬鬼神而遠之), 가위지의(可謂知矣)!
> 사람들을 잘살게 하는 데 힘을 쏟아야 한다. 조상의 신령이나 산천의 신을 공경하게 모시되, 적절한 거리를 두어야 한다. 그래야 사람으로서 지혜롭게 처신할 수 있다.

번지가 다시 사람들에게 잘 다가가려면 어떻게 해야 하는지 물었다. 그러자 공자가 방법을 일러 주었다.

> 인자(仁者), 선난이후획(先難而後獲), 가위인의(可謂仁矣)!
> 사람들에게 잘 다가가려면 마음을 열어야 한다. 어려운 일을 남보다 앞서서 하고 거둬들이는 것은 나중에 하라. 그러면 사람들에게 마음을 열고 잘 다가갈 수 있고, 착한 사람으로 인정받을 수 있다.

사회 지도층으로서 지도자가 되어 리더십을 발휘하려면 어떤 자세가 필요할까? 번지의 물음은 인간의 올바른 삶에 대한 성찰이다. 그 핵심은 '현재'를 살고 있는 사람들에 대한 '관심'과 '배려'이다. 조상이나 산천의 귀신을 모시는 일보다 그것이 우선이다. 아울러 어려운 일을 해야 할 경우, 다른 사람보다 앞서서 실천하고, 명예나 이익 등, 자신에게 돌아오는 보답은 나중에 생각하는 자세다.

번지와 공자의 질의응답에서 볼 때, 어쩌면, 삶의 지혜는 간단하다.

경신이원지(敬神而遠之)!

그것은 무엇을 가까이하고 멀리해야 하는지를 판단하고 실천하는 일에 불과하다. '경원(敬遠)'은 바로 이 '경신이원지(敬神而遠之)'를 줄인 표현이다. 오늘날은 그 의미가 전이되어, '자신보다 뛰어난 인격이나 실력을 지닌 사람을 상대적으로 꺼리거나 멀리할 때' 사용하는 말이 되었다. 손경하지만, 적절한 거리를 두며 멀리하다! 참 쉽지 않은 인생의 수수께끼다.

계란유골(鷄卵有骨) - 기회를 잡지 못하는 나쁜 운수

문자

鷄 닭 계　卵 알 란　有 있을 유　骨 뼈 골

독해

'계란에도 뼈가 있다!'

무슨 말이 이럴까? 삶은 계란을 보면 부드러운 흰 자위와 노란 자위가 있을 뿐, 계란 안쪽에 딱딱한 뼈가 들어 있지는 않다. 정상적인 계란을 형용한다면, 이 언표는 성립하기 힘들다. 그렇다면 이 말에 담긴 의미가 깊다는 소리다.

『송남잡지(松南雜識)』에 다음과 같은 얘기가 기록되어 있다.

조선 시대 세종 때, 영의정(領議政)을 지낸, 일반인들에게도 널리 알려져 있는 황희(黃喜) 정승은 마음이 착하고 생활이 검소한 것으로 알려져 있다. 너무도 청렴하여 여름에 장마가 오면, 지붕의 천장에서 비가 새고, 관복도 한 벌밖에 없어 갈아입을 별도의 옷이 없어 수시로 빨아 입었다. 세종은 이런 황희의 가난한 생활을 불쌍히 여기며 걱정하였다. 이에 어떻게 하면, '황희 정승이 조금이나마 편안하게 살 수 있을까?' 여러 방법을 고민했다.

어느 날 황희 정승을 도와줄 묘안을 얻었다. 그리고는 신하에게 명령했다.

내일은 아침 일찍 남대문을 열어라! 그리고 문을 닫을 때까지,
이 문으로 들어오는 물건을 모두 사서 황희 정승에게 주리라!

그러나 그날은 뜻밖에도 새벽부터 폭풍우가 몰아쳤다. 뿐만 아니라, 하루 종일 비가 그치지 않았고, 남대문을 드나드는 장사꾼이라고는 한 사람도 없었다. 그러다가 저녁에 이르렀다. 남대문을 닫을 무렵, 무슨 까닭인지 어떤 영감이 계란 한 꾸러미를 들고 들어왔다. 이에 그 계란을 사서 황희 정승에게 보냈다. 계란을 삶아 먹으려고 보니, 계란마다 곯아서 하나도 먹을 수 없었다.

여기에서 '계란이 곯아 있다!'라는 말이 나왔다. 이때 '곯다.'라는 말이 한자 '뼈 골(骨)'의 '골'과 소리가 같아, 그 소리를 빌려서 '계란에 뼈가 있다!'라는 말로 바꾸어 썼다. 그렇기 때문에 원래는 '계란에도 뼈가 있다!'로 풀이하지 않고, '계란이 곯아 있다!'라고 해야 정확하다. 이는 '운수가 나쁜 사람은, 모처럼 좋은 기회가 오더라도, 무엇 하나 뜻대로 되는 일이 없다!'라는 상황을 나타낼 때 쓰는 말이다.

계명구도(鷄鳴拘盜) – 쓸모없음의 쓸모 있음

문자

鷄 닭 계　鳴 울 명　拘 개 구　盜 도둑 도

독해

인간은 모든 일에 대해 배워 두어야 할까? 그때그때 자신에게 필요한 일을 익혀 놓기만 하면 되는 걸까? 이것도 저것도 아닌, 배우거나 익히지 말아야 할, 쓸모없는 일이 별도로 있는 걸까? 때로는 쓸모없는 것처럼 보이는 일조차도, 쓸모 있는, 가치 높은 사안으로 전환될 수도 있는 걸까?

사마천의 『사기』 「맹상군열전(孟嘗君列傳)」에, 중국 고대의 전국시대에 제(齊)나라 사람인 맹상군과 얽힌 재미있는 이야기가 등장한다.

맹상군은 제나라 왕족 출신으로 재상을 지낸 정곽군(靖郭君)의 40여 자녀 가운데 서자(庶子)로 태어났다. 서자였지만, 그는 자질과 능력이 뛰어나 정곽군의 후계자가 되었다. 설(薛)이라는 지역의 영주가 된 맹상군은 훌륭한 정치를 베풀고, 널리 인재를 모으며, 세상에 명성을 떨쳐 나갔다.

명성을 듣고 그를 찾아오는 사람이 수천 명에 이르렀고, 그 속에는 별의별 사람이 다 있었다. 문필로 이름난 사람을 비롯하여, 출중한 무예를 지닌 사람, 심지어는 '구도(拘盜)'나 '계명(鷄鳴)'도 있었다. '구도'는 밤에 개가죽을 둘러쓰고 마을로 숨어 들어와 도둑질을 일삼는 좀도둑을 말하고, '계명'은 닭 울음소리 흉내를 잘 내는 사람이다.

이 무렵, 맹상군은 진(秦)나라 소양왕(昭襄王)으로부터 고위 관리를 맡아 달라는 부탁을 받았다. 남의 나라 부탁이라 마음에 썩 내키지는 않았다. 그러나 '나라에 봉사한다!'라는 생각으로 재상 자리를 수락했다. 그는 식객 가운데 엄선한 몇 사람을 데리고, 진나라의 도읍 함양(咸陽)에 도착했다. 이때 '구도(拘盜)'와 '계명(鷄鳴)'도 동행했다. 맹상군은 소양왕을 찾아뵙고, 값비싼 호백구(狐白裘)를 예물로 진상했다. 호백구는 여우 겨드랑이의 흰 털가죽을 여러 장 모아 이어서 만든 갖옷이다. 당시 고관대작(高官大爵)만이 입을 수 있었던 매우 귀한 옷으로 귀족의 상징물이기도 했다.

그런데 문제가 생겼다. 소양왕이 맹상군을 재상으로 기용하려고 하자, 다른 고위 관리들이 반대하고 나섰다.

"제나라의 왕족을 재상으로 등용하는 것은 진나라를 위한 일이 아닙니다!"

임용 반대에 부딪치자, 맹상군을 초청하여 재상을 맡기려던 소양왕의 계획은 수포로 돌아갔다. 그렇다고 맹상군을 그냥 돌려보낼 수도 없었다. 잘못하면, 제나라가 원한을 품고 복수를 꾀할 수도 있기 때문이다. 그래서 소양왕은 맹상군을 쥐도 새도 모르게 죽여 버리기로 했다. 이를 눈치 챈 맹상군은 꾀를 하나 냈다.

소양왕이 아끼는 첩을 이용하기로 했다. 조용히 첩을 찾아가서 간절히 요청했다.

"제가 무사히 귀국할 수 있도록 주선해 주십시오!"

그러자 그녀는 엉뚱한 요구를 했다.

"내게도 왕에게 바친 것과 똑같은 호백구를 주면, 한 번 힘써 보지요!"

그런데 이 시급한 상황에, 당장 어디서 그 귀한 호백구를 구한단 말인가! 맹상군은 힘이 쭉 빠졌다. 맹상군이 데리고 갔던 '구도(拘盜)'

가 이 사실을 알았다. 그리고 그날 밤 궁중에 잠입하여, 전날 진상한 그 호백구를 감쪽같이 훔쳐 왔다. 맹상군은 그것을 소양왕의 첩에게 주었다. 소양왕의 첩은 소양왕에게 그를 풀어주도록 간청했다. 첩의 간청에 못 이겨, 소양왕은 맹상군의 귀국을 허락했다.

맹상군은 일행을 거느리고 서둘러 도성을 빠져 나와 국경인 함곡관(函谷關)으로 향했다. 맹상군이 떠난 직후, 소양왕은 맹상군을 놓아준 것을 크게 후회하고, 그를 잡으려고 추격병을 급파했다. 한밤중에 함곡관에 도착한 맹상군 일행은 거기서 더 이상 갈 수가 없었다. 첫닭이 울 때까지 관문을 열지 않기 때문이다.

일행이 안절부절, 어쩔 줄 몰라 하고 있는데, 이번에는 '계명(鷄鳴)'이 이를 알아 차렸다. 그리고 마을 안쪽으로 들어가 닭 울음소리를 냈다. 닭 울음소리를 들은 동네 닭들이 연달아 울기 시작했다. 잠이 덜 깬 병졸들이 눈을 비비며 관문을 열었다. 그러자 맹상군 일행은 함곡관 문을 나서며 쏜살같이 말을 몰아 어둠 속으로 사라졌다. 추격병이 관문에 닿은 것은 그 직후였다.

맹상군이 데리고 갔던, '구도(拘盜)'나 '계명(鷄鳴)'은 일반 사람들이 즐겨 배워서는 안 될, 또는 흔히 가지기 힘든 천한 기능이다. 하지만 상황에 따라, 그 천한 기능도 요긴하게 쓸모가 있다.

계발(啓發) - 열망과 분발, 자기 노력

문자

啓 열 계　發 일어날 발

독해

인간의 성격은 사람에 따라 차이가 있다. 개인마다 고유한 특성이 존재한다는 말이다. 어떤 사람은 스스로 일을 처리하는 능력을 잘 갖추고 자발적으로 삶을 영위한다. 그와 정반대로, 어떤 사람은 다른 사람에게 의존하지 않으면 사소한 일 하나도 제대로 처리하기 힘든 경우도 있다. 또 어떤 사람은 충분히 처리할 수 있는 사안임에도 불구하고, 자신이 게을러 일 처리를 못하는 사람도 있다. 또 어떤 사람은 엄청난 열정으로 일을 하려고 덤벼들지만, 자질이나 능력, 또는 역량이 모자라 일을 마무리하지 못하기도 한다. 이런 인간의 특성을 고려하여, 사람의 성상을 유도할 때, 그 사람의 자질에 맞는 건전한 인간이 탄생한다.

인간의 소질을 '계발(啓發)'하는 작업이 공부이고 교육이다. 이 '계발'이라는 개념은 공자의 제자 교육법으로 등장한다. 『논어(論語)』「술이(述而)」편에서 공자가 말하였다.

불분불계(不憤不啓), 불비불발(不悱不發)!
배워서 알려고 달려들지 않으면 계발해 주지 않고, 말로 표현하려고 애쓰지 않으면 일러 주지 않는다!

거일우(擧一隅), 불이삼우반(不以三隅反), 즉불부야(則不復也)!
한 모퉁이를 들어 가르쳐 주었는데, 세 모퉁이를 밝혀 드러낼 만큼 적극적이지 않으면, 되풀이하여 가르치지 않는다!

'불분불계(不憤不啓)'에서 '분(憤)'은 마음에 맞는 것을 구하는데 아직 얻지 못했음을 나타내고, '계(啓)'는 뜻을 편다는 말이다. '불비불발(不悱不發)'에서 '배(悱)'는 말하려고 하는데 아직 말하지 못한 것이고, '발(發)'은 말을 다함을 뜻한다. 이 여덟 글자를 두 글자로 줄이면 '계발(啓發)'이라는 용어가 탄생한다.

이 구절은 공자가 제자들을 교육할 때, 학습(學習) 방법의 정곡을 찌르는 언표다. 학습의 핵심은 '자기 노력'이다. 스승이 먼저 지식을 알려 주는 방식이 아니다.

첫 번째는 배우려는 의지나 열망을 갖고 분발해야 한다.

두 번째는 무언가를 배워 알기는 했으나 입 안에서 중얼거릴 것이 아니라 명확하게 표현해야 한다.

세 번째는 네모로 만들어진 물건이 있을 때, 그 가운데 한 모퉁이를 일러 주면, 그것을 바탕으로 연상하거나 추측하고 유추하여 나머지 세 모퉁이를 깨우치려고 노력하는 것이다.

이를 요약하면, '의지력-표현력-상상력-응용력'을 유기체로 갖추어야 한다는 말이다.

다시 설명하면, 애를 쓰며 공부해 왔는데, 목표 도달 직전에 어떤 것에 가로막혀 있다. 무언가 알 듯 모를 듯, 주저하거나 머뭇거리는 상태가 아니라, 마치 다 안 것처럼 행동한다면, 그것을 풀어낼 어떤 암시도 던져 줄 수 없다! 또, 하고 싶은 말이 머릿속에 있으나 표현이 잘 되지 않아 답답해하고 있는 상태가 아니면, 그런 사람은 어떤 방식으로건 도와주기 힘들다! 이쪽에서 어떤 사례를 들어주면, 그것을 넘어서려는 열정을 가지고 다른 유형을 제시하며 노력하는 모습을 보여야지, 그렇지 않으면 지도해 줄 수가 없다!

공자의 공부법은 한 마디로 '자발적 학습'이다. 때문에 공자는 질문을 하는 사람이 무엇을 물어야 할 지 모를 때, 여러 유형의 반문(反問)을 거듭한 후, 질문하려는 사안을 자세히 일러 주는 방법을 추구하였다. 이런 차원에서 '계발(啓發)'은 슬기와 재능을 다차원으로 열어 주는 작업이다. 지식을 넓혀 주고, 사물의 이치를 밝게 해 주는, 삶의 지혜 터득과 연관된다. '지혜를 여는 문'이라고나 할까!

곡학아세(曲學阿世) - 비뚤어진 학문, 아부로 얼룩진 세상

문자

曲 굽을 곡　學 배울 학　阿 아부할 아　世 세상 세

독해

대부분의 사람은 세상이 정상적인 상황에서 건전하게 지속되기를 바란다. 정당하고 합리적으로 일이 처리되기를 기대한다. 하지만 세상은 그렇게 정상적으로 건전하게 운영되지만은 않는다. 부정과 부패가 만연해 있기도 하고, 그런 분위기에 편승하여, 자신에게 이익이 된다면, 사적 영역의 확보를 위해 정당하고 건실한 공공의 영역을 내팽개치는 경우도 허다하다.

사마천의 『사기』「유림열전」에 다음과 같은 이야기가 기록되어 있다.

중국 전한(前漢)시대 경제(景帝) 때, 원고생(轅固生)이라는 학자가 있었다. 그는 여러 경전 가운데 『시경(詩經)』에 해박한 지식을 갖고 있었고, 그로 인해 박사(博士)가 되었다. 원고생은 학자이면서도 매우 강직한 성품을 지녔다. 자기가 옳다고 생각한 것은, 어떤 사람일지라도 두려워하지 않고, 정확하게 말했다.

당시, 경제(景帝)의 어머니인 두태후(竇太后)는 노자의 『도덕경』에 흠뻑 빠져 있었다. 어느 날 두태후는 원고생을 불러 노자의 『도덕경』이 어떤 가치를 지닌 책인지 물었다. 그러자 원고생은 다음과 같이 말했다.

"그런 책은 별 볼 일 없는 하인들의 말에 불과합니다!"

두태후는 자기가 좋아하는 책에 대해, '하인들의 말에 불과하다!'라고 비하하는 듯한 발언을 듣고, 화가 잔뜩 났다. 이에 원고생을 사육장

(飼育場)으로 보내 돼지를 잡도록 명령했다. 하지만 경제는 원고생이 바른말을 했을 뿐, 죄가 없다는 것을 알고 있었다. 이 때문에, 원고생이 사육장으로 가서 고생하지 않도록, 남몰래 날카로운 칼을 그에게 전해 주었다. 덕분에 원고생은 그 칼로 어려움 없이 돼지를 잡을 수 있었다.

그로부터 시간이 조금 지난 후, 경제는 원고생을 청렴결백한 선비라고 하여, 청하왕(淸河王)의 스승인 태부(太傅)로 임명했다. 원고생은 오래도록 태부의 임무를 수행했고, 임무를 마친 다음, 몸이 아파서 그 직책에서 물러났다.

경제가 세상을 떠나자, 무제(武帝)가 즉위했다. 무제는 선왕 때 인정을 받았던 원고생을 다시 불렀다. 현명하고 강직한 그의 공직에 대한 태도와 학자로서의 올바름 때문이었다. 그러나 아부를 잘하는 몇몇 학자는 원고생의 등용을 꺼리며 이렇게 말하였다.

"원고생은 이미 늙었습니다. 한갓 병들고 힘없는 늙은이에 불과합니다! 등용하지 마소서!"

그러자 무제도 할 수 없이, 젊은 학자들의 말을 듣고, 그를 파면시키고 집으로 돌려보냈다. 그때 원고생은 나이 90세가 넘은 원로 중의 원로였고, 노인 중의 노인이었다. 무제가 원고생을 등용하려고 불렀을 때, 공손홍(公孫弘)이라는 젊은 학자도 함께 불려 왔다. 이때 원고생은 공손홍을 지긋이 바라보았다. 그리고 타이르듯이, 진심을 담아 말했다.

"공손홍! 올바른 학문에 힘써 말을 정확하게 하시게나. 학문을 왜곡하여 세상에 아부해서는 안 된다네!"

'곡학아세(曲學阿世)'는 원고생이 공손홍에게 한 말이다. 젊은 관료들을 보면서, '세상에 아부하지 말고 정정당당하게 처세하라!'는 노파심의 언표다.

괄목상대(刮目相對) - 쉼 없는 공부, 박식함의 여유

문자

刮 비빌 괄　目 눈 목　相 서로 상　對 마주할 대

독해

중국 역사에서, 삼국(三國)시대, 이른바 '위(魏)의 조조(曹操)-촉(蜀)의 유비(劉備)-오(吳)의 손권(孫權)'으로 분할되고, 군웅(群雄)이 할거하던 때는 격동의 시기였다. 이 삼국시대 초기에 오나라 손권의 신하 가운데 여몽(呂蒙)이라는 장수가 있었다.

여몽은 일개 병사에서 장군의 지위까지 오른 입지전적 인물이다. 그는 촉나라의 명장 관우(關羽)를 사로잡은 삼국지의 스타였다. 하지만 여몽은 어렸을 때 끼니를 제대로 챙기지 못할 정도로 가난했다. 그런 만큼 공부할 겨를이 없었고, 무식한 시골뜨기로 자랐다. 다행히 병졸로 군대에 들어왔지만, 남들보다 강인한 체력과 정신력을 발동하여, 의미 있는 전공(戰功)을 쌓았다. 전공을 쌓을 때마다 승진을 거듭하여 끝내는 장군이 되었다.

어느 날 손권은 여몽에게 다음과 같이 권고했다.

> 여장군! 그대는 이 나라의 장수로서 지도자가 아닌가? 그런 만큼, 지도자로서 기본 교양을 갖추어야 하니, 이제부터라도 공부를 해야 하네. 학자들처럼 학문을 드높여 경학(經學)박사가 되라는 말이 아닐세. 옛날부터 내려오는 병법(兵法)을 익혀 전쟁에서 승리할 수 있도록 책을 많이 읽어야 한단 말이네!

손권이 여몽에게 충고한 말은 간단했다. 장군으로서 지위에 맞게 “책을 읽고 학식을 쌓아라!”는 것이었다.

충직한 여몽은 손권의 권고가 무엇을 의미하는지 깨달았다. 이 말을 들은 이후, 쉼 없이 공부했다. 전장에서도 책을 손에서 놓지 않은, ‘수불석권(手不釋卷)’을 실천했다.

한참 후, 당시 가장 유식했던, 고위 관리 노숙(魯肅)이 전장을 시찰하다 여몽을 만났다. 노숙은 여몽과 대화를 나누다가 너무나 박식해진 그의 모습에 깜짝 놀랐다.

노숙이 말했다.

“아니, 여몽! 자네, 언제 그렇게 공부를 했는가! 이제 보니, 그대는 오나라 조정에 있을 때의 여몽이 아닐세!”

이에 여몽이 대답했다.

“선비란 헤어진 지 사흘이 지나 다시 만났을 때, ‘눈을 비비고 마주할 만큼’ 달라져야 하는 법이지! 허허.”

여기에서 ‘눈을 비비고 대면할 정도’로 달라진 상황을 두고 ‘괄목상대(刮目相對)’라고 한다.

광풍제월(光風霽月) – 맑은 하늘, 시원한 바람과 둥근달 같은 인품

문자

光 빛 광　風 바람 풍　霽 비갤 제　月 달 월

독해

사람이 사람다움의 차원에서 지닐 수 있는 보편적 품격(品格: style)을 '인격(人格: personality)'이라 한다. 개인적 차원에서는 성격(性格: character)으로 표현할 수도 있다. 때문에 인격은 인간적 풍모와 향기를 통해 사회를 정화하는 인간미학의 결정판이다. 이런 차원의 인격은 마음 씀씀이에 의해 좌우된다.

『채근담(采根譚)』에는 마음에 관해 의미심장하게 기록하고 있다. 성질이 조급한 사람의 마음은 타는 불과 같다. 보는 것마다 태워 버리려는 태도를 가진다. 이런 사람의 마음은, 어쩌면, 얼음처럼 차가운 냉랭한 기운을 품고, 인간 사회의 여러 관계를 닥치는 대로 얼려 죽이는 경향을 보일 수도 있다. 한마디로 삶에 생기(生氣)가 없다! 그런 자세에서 무슨 일인들 제대로 할 수 있겠는가!

중국 북송(北宋) 시대에 주돈이(周敦頤)라는 뛰어난 유학자가 있었다. 그는 성리학(性理學)의 선구자였다. 태극(太極)을 우주 자연의 본체로 설명한 『태극도설(太極圖說)』과 그런 우주관과 인생관을 통합한 『통서(通書)』라는 훌륭한 저작을 남겼다. 뿐만 아니라, 옛날 훌륭한 사람들이 지녔던 풍모(風貌)가 있었고, 정치에서도 원칙을 고수하며 실천한 인물이었다. 그것이 남송(南宋) 시대의 주자(朱子)에게 영향을 미쳐 성리학을 더욱 발달시키는 데 기여했다. 이러한 주돈이의 학문적 탐구열과 인간적 경지에 감탄한 북송 시대의 시인 황정견(黃庭堅)은 다음과 같이 그를 칭송했다.

> 기인품심고(其人品甚高), 흉회쇄락(胸懷灑落), 여광풍제월(如光風霽月)!
> 그[주돈이]의 인품이 너무나 높아, 마음결이 시원하고 깨끗함이, 맑은 날의 바람과 비 개인 날의 달과 같다!

얼마나 고매한 인격이었기에, 비가 온 뒤에, 맑게 갠 하늘을 스치며 불어오는 시원한 바람과 둥근 달처럼 풍성하게 느껴졌을까! 한 폭의 그림처럼, 예술의 경지로, 인간의 품격을 칭송한 최고의 찬사다. 교육의 궁극 목표가 이런 인간을 지향하려는 것은 아닐까?

가슴 속 저 아래까지 맑은 인품을 지닌 사람!

이처럼 인격과 연관된 아름다운 문구가 '광풍제월(光風霽月)'이다. '광풍제월'은 훌륭한 인품을 나타내는 언표지만, 세상이 잘 다스려져 평화롭고 안정된 아름다운 사회를 의미할 때도 있다. '제월광풍(霽月光風)' 또는 '광제(光霽)'라고 줄여 쓰기도 한다.

권토중래(捲土重來) - 실패와 도전, 희망과 의지

문자

捲 말 권　土 흙 토　重 거듭 중　來 올 래

독해

인생에서 한두 번 실패를 경험했다고 하여, 그것이 삶의 영원한 실패는 아니다. 웬만한 사람은 실패를 거울삼아 새롭게 도전한다. '실패는 성공의 어머니'라는 격언도 있지 않은가! 실패를 통해 얻은 경험과 교훈은 성공으로 나아가는 중요한 경험이나 교훈이 된다. 그러기에 실패를 두려워할 필요는 없다.

실패는 그것에서 좌절하기보다 성공을 향한 도전 의식의 성지(聖地)다. 실패는 단순한 좌절이 결코 아니다. 성공으로 가는 중요한 과정이다. 그렇다고 모든 실패가 성공의 어머니가 되는 것도 아니다. 의미가 담긴 실패만이 성장의 발판이 될 수 있다. 실패의 경험을 교훈으로 성찰하지 않는, 동일한 실패를 반복하는 무의미한 실패는 무기력한 인생을 상기시킬 뿐이다.

다시, 실패는 성공의 어머니! 이 격언은 실패를 두려워하지 말라! 그것을 통해 적극적으로 배우고 성장하라! 이런 속성으로 인해 실패는, 오히려 인생의 의지를 불태우며 스스로 용기를 북돋우는, 마음의 친구다. 한 번, 인생의 전투에서 패배한 사람이 있다고 하자. 그 사람이 다시 힘을 낼 경우, 어떤 자세로 임할까?

당나라 말기를 대표하는 시인(詩人)으로 두목(杜牧)이라는 저명한 학자가 있었다. 그의 작품 가운데 「제오강정시(題烏江亭詩)」가 널리 알려져 있다. 그는 노래했다.

승패병가불가기(勝敗兵家不可期),
포수인치시남아(包羞忍恥是男兒).
강동자제다호걸(江東子弟多豪傑),
권토중래미가지(卷土重來未可知)!
승패는 병가(兵家)도 기약할 수 없으니,
부끄러움을 안고 부끄러움을 참는 것, 이것이 남아라네.
강동(江東)의 자제(子弟) 가운데 호걸들이 많으니,
흙을 말고 거듭 쳐들어오는 것을 아직은 알 수 없네!

어느 날, 두목은 양자강의 오른쪽 기슭인 안휘성(安徽省) 화현(和縣)의 동북쪽, 그 주변으로 흐르는 오강(烏江) 지역을 여행 중이었다. 이 강은 옛날 초패왕 항우(項羽)가 스스로 목숨을 끊은 곳이었다. 두목은 항우를 그리워하며 읊었다. 전해 오는 이야기로는 이곳에 항우를 제사 지내는 사당이 있었다고 한다. 그 사당에 오르며, 또는 그 사당에 서서, 두목은 호걸을 노래하며 안타까움과 아쉬움을 토로했다.

항우는 해하(垓下)에서 유방(劉邦)과 마지막 싸움을 치렀다. 전투에서 패하자 이곳으로 도망쳐 왔다. 오강의 정장(亭長)은 배를 강기슭에 준비해 놓고 항우를 기다리고 있었다. 정장이란 당시 지방에서 도둑을 체포하는 일을 맡은 하급 관리이다. 항우가 달려오자, 정장은 이렇게 말했다.

왕(王)이여! 강동(江東) 땅은 작습니다. 그래도 수십만 명이 살고 있습니다. 여기서도 왕(王) 노릇은 충분히 할 수 있습니다.

자, 빨리 배에 오르십시오! 제가 건너다 드리겠습니다.

강동은 양자강 하류로 강남(江南)이라고도 한다. 항우가 군대를 일으킨 곳이 바로 이 지역이다. 때문에 정장은 항우에게 그곳으로 돌아가기를 원했던 것이다.

하지만, 항우는 다음과 같이 말했다.

> 옛날에 나는 강동의 젊은이들 8천 명과 강을 건너 서쪽으로 갔다. 그런데 지금 나에게는 함께 돌아갈 수 있는 병사가 한 사람도 없다. 내가 무슨 면목으로 강동에 계신 부모 형제를 뵐 수 있겠는가?

이렇게 당당하게, 항우는 정장의 요청을 거절했다. 그리고 싸움터에서 타고 온 말에서 내려, 말은 차마 죽일 수 없으므로 정장에게 주었다. 뒤를 돌아보니 추격해 온 한나라의 군대가 그를 에워싸고 있었다. 항우는 힘껏 싸우다가, 최후에 스스로 목숨을 끊었다. 이때 항우의 나이 불과 30세였다. 보기 드문 영웅의 최후! 너무나 비참하게 느껴진다.

그런 광경을 상상하면서, 두목은 강가의 사당에 서서, 그 무상함을 시로 읊었던 것이다.

초패왕 항우여! 당신은 한 번 싸움에서 확실하게 지고 말았다. 전투에서 승부란 병법의 대가들조차 함부로 예측하거나 기약할 수 없다! 한때의 수치를 참아 내는 것이야말로 남아가 아니겠는가? 더구나 강동의 젊은이들 가운데 호걸이 많다. 왜, 강동으로 건너가 힘을 길러 유방을 쳐부수지 못했는가!

'흙을 말아 올릴 정도의 기세로 공격해 들어온다!'라는 의미의 '권토중래(捲土重來)'는 바로 두목의 이 시에서 나온 말이다. 원래는 군사와 전투에 사용한 말이지만, 이제는 인간 사회의 다양한 영역에서 응용된다. 즉 '한 번 실패하더라도 다시 그 일에 도전한다!'라는 의미로 희망과 의지를 불어넣는 명언이 되었다.

귀감(龜鑑) - 거울에 비춰 본 인간의 모습

문자

龜 거북 귀　鑑 거울 감

독해

고대 중국 사회에는 길흉(吉凶)을 예측하는 방법, 즉 점(占)을 쳐서 인생의 희로애락(喜怒哀樂)을 고민하는 데, 두 가지 형태가 있었다.

하나는 거북의 등껍질을 말려서 굽는 것이다. 그렇게 하면 껍질이 갈라지면서 여러 갈래의 금이 생겨난다. 이를 '균열(龜裂)'이라 하고, '조(兆)'라 한다. '조(兆)'는 '조짐(兆朕)'을 뜻하는데, 어떤 일에 나타나는 기미(幾微)다. 그것은 '징조(徵兆)', '길조(吉兆)', '흉조(凶兆)'로 대변된다. 다른 하나는 '서죽(筮竹)'이다. 서죽은 대나무를 이용했기 때문에 '산가지'라고도 한다. 점쟁이는 '산통(算筒)'에 산가지를 넣고 흔들어 그것을 뽑아 길흉(吉凶)을 헤아린다.

이런 점복은 삶의 과정에서 곤란한 일을 당하거나 험난한 지경에 처했을 때, 유용하게 사용될 때도 있다. 하지만, 인간이 궁극적으로, 인생 난관을 스스로 극복해야 한다는 점에서는, 그저 참고할 만한 자료일 뿐, 절대적으로 신뢰할 만한 진리는 결코 아니다!

그렇다면 인간 자신이 아름다움과 추함을 판단하며, 생의 애로 사항을 해소해 나가는 데, 어떤, 적절한 방법이 있을까? 그것은 다름 아닌, 자신을 비춰 보는 도구인 '거울'에 의존하는 일이다. 현재와 같은 유리거울이 없던 시절에는 세숫대야와 같은 큰 그릇에 물을 담아 자신의 얼굴을 비추어 보았다. 그것을 '감(鑑)'이라 한다. 인간은 거울

[鑑]을 통해 자신의 모습을 비추어 보며, 추한지 아름다운지를 스스로 판단했다.

『묵자(墨子)』에 다음과 같은 기록이 있다.

> 불경어수이경어인(不鏡於水而鏡於人)!
> 교양을 갖춘 사람은 물을 거울로 하지 않고, 사람을 거울로 한다. 물에 비치면 얼굴을 볼 수 있지만, 사람에 비치면 길흉을 알 수 있다!
> 물을 거울로 삼는 경우에는 외형만을 보기 쉽다. 그러나 사람을 거울로 삼으면 선악(善惡)을 알 수 있다.

북송 때의 대학자인 정자(程子) 형제가 어느 날 잔칫집에 갔다. 동생은 점잖게 술을 마시는데 형은 그와 정반대의 행동을 보였다. 다음 날 동생이 형을 찾아가 은근히 나무랐다.

"형님! 어제 잔칫집에서 장난이 너무 심했습니다. 그렇게 거칠게 해서야 되겠습니까?"

그러자 형은 아무렇지 않은 듯, 대꾸했다.

"성인은 거울과 같다! 고운 것이 비치면 곱게 보이고, 추한 것이 비치면 추하게 보일 뿐이야! 하지만 거울은 어떤 경우에도 상관이 없어!"

요컨대, 거북의 등껍질로 삶의 길흉을 점치고, 거울로 인간의 모습을 비추어 본다. 그것을 '귀감(龜鑑)'이라 한다. 『묵자』와 정자 형제의 사례에서 보았듯이, 손재의 거울! 본보기가 될 만한 일! 그 성잘의 듬에서 삶의 풍요가 보인다.

금의환향(錦衣還鄕) - 성공한 인생, 빛나는 자태

문자

錦 비단 금　衣 옷 의　還 돌아올 환　鄕 고향 향

독해

세상을 살아가면서, 대부분의 인간은 '출세(出世)'를 꿈꾼다. 이 출세에도 격(格)이 있다. 유명세(有名稅)가 던지는 메아리가 어떻게 울려야, 사람들이 기뻐하고 즐거워할 수 있을까? 세상에 이름이 널리 알려져 있는 만큼, 인간은 다양한 형태의 불편을 당할 수 있고, 곤욕을 치르게 마련이다.

사마천은 『사기』에서 두 영웅의 일화를 실감나게 기록한다. 여기에서 항우(項羽)와 유방(劉邦)의 처세와 책략을 통해 의미심장한 하나의 지혜를 캐낼 수 있다.

항우는 그 유명한 홍문연(鴻門宴)을 계기로 유방을 몰아냈다. 그리고 진(秦)나라의 도읍인 함양(咸陽)에 입성하여 아방궁(阿房宮)을 불태웠다. 뿐만 아니라 유방이 봉인해 둔 궁중의 금은보화를 마구 약탈했다. 궁녀를 비롯하여 아낙네들을 닥치는 대로 겁탈했다. 나아가 진시황(秦始皇)의 능(陵)을 파헤쳤다. 항우 군사들의 이러한 행동에 민심(民心)은 등을 돌릴 수밖에 없었다.

항우는 자신이 스스로 초토화시킨 함양이 마음에 들지 않았다. 그래서 고향인 팽성(彭城)에 도읍을 정하려고 했다. 사람들이 보기에, 패왕(霸王)의 땅인 함양, 즉 관중(關中) 지역을 버리고 보잘 것 없는 팽성으로 수도를 옮기겠다니, 참으로 기가 찰 노릇이었다. 항우는 함양이 지닌 전략적 이점을 정확하게 파악하지 못했다. 아니, 잘못 읽고 있었다. 당시 간의대부(諫議大夫)였던 한생(韓生)이 간절하게 충고했지만, 항우는 말을 듣지 않았다. 오히려 짜증을 내면서 말했다.

> 지금 길거리에 떠도는 노래를 들어 보라. 어떤 내용인가! 이런 내용 아닌가?
> "부귀를 성취하여 고향에 돌아가지 못하면,
> 비단옷을 입고 밤길을 가는 것과 무엇이 다르리오!"
> 이건 바로 나를 두고 하는 말이다! 어서 좋은 날을 택해 수도를 옮기도록 하라!

그리고 충심을 다해 간언한 한생을, 펄펄 끓는 기름 가마 속에 넣어, 잔인하게 죽이고 말았다.

사실, 이 노래는 장량(張良)이 항우를 칠 생각으로 퍼뜨린 것이었다. 항우가 천하의 요새(要塞)인 함양에 들어앉아 있을 경우, 유방의 패업(霸業)은 수포로 돌아갈 수밖에 없었다. 때문에 책사인 장량은 지혜를 모았다. 어떻게 해서든 항우를 함양에서 나오게 만들어야 했다.

팽성으로 도읍을 옮긴 항우는, 결국 관중(關中)을 차지한 유방에게 해하(垓下)에서 대패하면서, 천하를 넘겨주고 만다. 금의환향(錦衣還鄉)으로 자신의 성취를 고향 사람들에게 알리기는 했다. 하지만 천하를 잃었다. 우리가 흔히 사용하는, '출세하여 고향으로 돌아오다!'라는 '금의환향(錦衣還鄉)'은 항우의 역정(逆情)어린 말 가운데서 탄생했다.

기사회생(起死回生) - 죽은 목숨, 새 생명 탄생

문자

起 일어날 기　死 죽을 사　回 돌 회　生 살 생

독해

인생을 살아가면서, 상당수의 사람들이 '아휴, 죽을 뻔했다!'라는 말을 많이 한다. 그만큼 세상은 험하고, 고비마다 생명을 담보할 만한 중대한 사안에 부딪치기 때문에, 수시로 그런 말이 애용되는 것 같다.

역사에는 그런 사례가 무수히 많다. 중국 고대의 춘추시대, 노나라 애공(哀公) 원년에 있었던 일이다.

오(吳)나라의 왕인 부차(夫差)는 3년 전, 월(越)나라와의 전투에서 패하여, 다리에 중상을 입었다. 하지만 죽은 아버지 합려(闔閭)의 원수를 갚으며, 월나라 왕인 구천(勾踐)을 격파했다.

이때 월나라의 대부(大夫)였던 종(種)이 구천에게 화평을 구하는 방책을 제시했다. 그러자 구천은 이를 승낙했다. 그리하여 대부인 제계령(諸稽郢)을 사신으로 보내 오나라에 화평을 신청하게 했다. 이전의 전투에서 월나라는 오나라 왕인 합려에게 부상을 입힌 적이 있었다. 그러나 합려의 아들 부차는 이 일에 대해 용서하고 은혜를 베풀었다. 그때 다음과 같이 말했다.

"임금께서 부상을 입은 것은 월나라의 입장에서 볼 때, 이 죽은 사람을 일으켜 백골에 살을 붙인 것과 같다. 나는 감히 하늘의 재앙을 잊지 못하고, 감히 임금의 은혜를 잊을 수가 없다!"

부차의 이런 행동은, 월나라에 대해, 죽은 사람을 되살려 백골에 살을 불인 것과 같은 큰 은혜를 베푼 것이나 마찬가지였다.

『여씨춘추(呂氏春秋)』「별류(別類)」편에도 이와 유사한 이야기가 실려 있다.

노나라 출신인 공손작(公孫綽)이란 사람이 있었다. 그는 수시로 사람들에게 말하였다.

"나는 죽은 사람을 되살릴 수 있다!"

그 말을 들은 사람들은 대부분 의아해했다. 그러면서 그 이유를 묻자, 공손작은 이렇게 대답했다.

"나는 반신불수를 고칠 수 있다! 반신불수를 고치는 약을 배로 늘리면, 그것으로 죽은 사람을 되살릴 수도 있다!"

기사회생(起死回生)!

'다시 살아난다!'라는 의미의 '회생(回生)'이란 말은 당나라 말기의 저명한 시인(詩人)인 이상은(李商隱)의 「우회시(寓懷詩)」에 등장하는 표현이다. 이상은은 다음과 같이 읊었다.

초위회생종(草爲回生種),
향녹각사훈(香綠却死熏)!
저 풀은 회생(回生)하는 씨앗이 되어
그 향기와 푸르름이 도리어 죽어서 향기롭구나!

『여선전(女仙傳)』이나 『태평광기(太平廣記)』「태현녀(太玄女)」에도 재미있는 기록이 등장한다.

태현녀는 어려서 아버지를 잃었다. 어머니와 오순도순 잘 살고 있던 어느 날, 어떤 사람이 어머니와 태현녀를 보고, 모두 오래 살지 못할 것이라고 말했다. 이에 슬픔에 빠져 늘 근심으로 일관했다.

> 사람이 세상을 살아가다가 한 번 죽으면 다시 살아날 수 없다! 하물며 정해진 수명이 얼마 남지 않았다는 말을 들으니, 도(道)를 닦지 않고서는 생명을 늘릴 수 없겠구나!

태현녀는 고민 끝에 결론을 내렸다. 그래, 명성이 자자한 스승을 찾아가자! 그리고 마음을 씻고 도를 추구하여, 생명을 늘리는 최고의 술법을 얻자! 그렇게 여러 해 동안 도를 닦고 나니, 물에 들어가도 젖지 않을 수 있게 되었다. 눈이 많이 내리는 추운 날, 얇은 옷을 입고 얼음 위에 며칠 동안 있어도 안색 하나 변하지 않고 몸은 오히려 따뜻하게 유지할 수도 있었다. 또한 손가락으로 어떤 물건을 가리키면, 마술을 부리듯 신기한 일이 벌어졌다. 대문과 상자의 자물쇠를 가리키면 바로 열렸고, 산을 가리키면 바로 무너졌으며, 나무를 가리키면 나무가 부러졌다. 그러다 다시 그 물건을 가리키면 바로 원래대로 돌아왔다. 작은 물건을 바로 크게 만들고, 큰 것을 갑자기 터럭처럼 작게 만들 수도 있었다. 타오르는 불 속에 앉아 있어도 옷이 타지 않았다. 이와 같이 서른여섯 가지 술법을 부릴 수 있었다. 특히, 죽은 사람을 일으켜 산 사람으로 되돌려 놓으며, 수없이 사람을 구했다.

하지만, 그녀가 어떤 것을 먹는지는 아무도 알지 못했다. 이후로 그 술법 또한 얻은 사람이 없었다. 태현녀의 얼굴은 더 젊어지고 머리카락도 검게 되었다. 그러다 어느 날 갑자기, 대낮에 하늘로 올라가더니 사라져버렸다.

이처럼, 역사적 사실에서 문학 작품에 이르기까지, 다양하게 사용되는 '기사회생(起死回生)'은 '죽은 목숨을 다시 살려낸다!'라는 뜻이다. 원래는 '큰 은혜를 베푸는 일'을 말한다. 하지만, 지금은 '죽음에 임박한 환자를 되살린다.'라는 뜻으로 사용되는 경우가 많다. 또는 '위기에 처한 사람을 구원하여 사태를 호전시킨다.'라는 의미로 사용되기도 한다.

인생을 사는 이유가, 사람으로서 사람다움을 추구하는 일이라면, 죽음은 인간답지 못한 반사회적 현상이고, 삶은 인간다운 건전한 사회이리라. 그렇다면 '기사회생'은 비인간적 사회를 타파하고 인간적 사회를 건설하려는 교육적 작업으로 확대 해석할 수도 있겠다.

남상(濫觴) - 작은 샘 큰 강물, 그 시초

문자

濫 넘칠 람　觴 술잔 상

독해

세상의 모든 존재는 시작과 끝이 있으리라. 그저 그 알파(Α: α)와 오메가(Ω: ω)가 보이지 않거나 인간의 인식으로 파악하지 못할 뿐! 문제는, 일상에서 그 시작과 끝을 정확하고 명백하게 인지하지 못하는 경우가 있기 때문에, 곤혹을 치르는 데서, 발생한다. 무엇이 언제 어디에서 시작되었을까? 어떤 일, 또는 어떤 존재에 대해, 그 시초나 근원을 어디에서 찾을 수 있을까? 시작이나 최초의 근원을 일러 주는 간략한 언표가 있다. 다름 아닌 '남상(濫觴)'이다.

『공자가어(孔子家語)』「삼여(三恕)」편에 의미심장한 기록이 전해온다. 공자(孔子)와 그의 제자 자로(子路)에 관한 이야기이다.

자로는, 재미있게 표현하면, 공자의 오른팔과도 같은 사람이었다. 제자 가운데 최측근으로서, 곳곳에서 공자를 대변하며 스승을 위해 헌신했다. 그런 만큼, 공자에게 가장 사랑을 많이 받으면서, 꾸중도 누구보다 많이 들었던 사람이다.

자로는 성격이 용맹했다. 거친 행동도 서슴지 않았다. 때문에 어떤 일을 하건 사람들의 눈에 잘 띄었다. 그런 자로가 하루는 조금 화려한 옷을 입고 동료들 앞에 나타났다. 평소 행동이 어떠한지를 잘 알던 동료들과 공자는, 그런 자로의 모습을 보고, 크게 놀라지는 않았다. 그러나 엉뚱한 행동으로 사람들에게 잘못을 저지를까 봐 걱정이 되었다.

이에 공자가 비유를 들어 한마디했다.

> 양자강(揚子江: 長江)은 사천(四川)땅 가운데서도 깊숙이 자리한 민산(岷山)에서 흘러내리는 큰 강이야! 하지만 그 발원지(發源地)는 '겨우 술잔에 넘칠 정도'로 적은 양의 샘물이다. 그런데 그것이 하류로 내려올수록 물의 양도 많아지고, 그 흐름도 빨라진다. 배를 타지 않고는 강을 건널 수가 없어! 바람이라도 부는 날에는 배조차 띄울 수 없단다. 이는 모두 물의 양이 많아졌기 때문이야!

공자가 양자강의 발원지에서 그 하류에 이르기까지, 길게 설명을 하며, 한참 동안이나 이야기를 꺼낸 데는 이유가 있었다.

어떤 일이건 맨 처음의 상황이 어떤 지를 돌아봐야 한다!

시초(始初)가 중요하다!

시초가 나쁘면, 아래로 내려갈수록, 일이 진행될수록, 더욱 심각한 상황이 생기게 마련이다!

이런 사실을 사랑하는 제자 자로에게 깨우쳐 주기 위해, 공자는 조용하면서도 진지하게 얘기해 주었던 것이다. 공자의 진심 어린 충고를 들은 자로는 바로 집으로 돌아가서, 화려하게 치장했던 명품 옷을 일상의 평상복으로 갈아입었다.

여기에서 '겨우 술잔에 넘칠 정도'에 해당하는 말이 한자로 '남상(濫觴)'이다. 남상은 아주 적은 양의 물이 큰 강물의 발원지가 되듯이, '시초'나 '근원'을 가리키는 개념이다. 비슷한 말로 '효시(嚆矢)'나 '권여(權輿)'라는 말을 사용하기도 한다.

낭패(狼狽) - 조급하고 다급한 처지와 곤경

문자

狼 이리 랑　狽 이리 패

독해

'어휴! 낭패다, 낭패야!'

일상에서 흔히 쓰는 말이다. 어떤 일을 하다가 잘 풀리지 않을 때, 상황이나 처지가 고약하게 꼬이는 경우, 자연스럽게 우러나오는 표현이다.

'낭패(狼狽)'라는 글자의 모양을 보면, 재미난 구석이 엿보인다. '랑(狼)'과 '패(狽)'에는 공통적으로 개를 뜻한 '견(犬: 犭)'자가 들어 있다. '견(犬)'이 부수로 들어 있는 한자는 모두 동물을 상징한다. 특히 개과의 동물이 지닌 특성을 함축하는 경우가 많다. 여우를 나타내는 '호(狐)', 개를 나타내는 '구(狗)', 살쾡이를 뜻하는 '리(狸)', 돼지를 가리키는 '저(猪)', 고양이를 나타내는 '묘(猫)'와 같은 글자가 그러하다. '랑(狼)'과 '패(狽)'도 마찬가지다.

『후한서(後漢書)』「이고전(李固傳)」에 전설 같은 설명이 의미를 더해 준다.

'랑(狼)'과 '패(狽)'는 전설상의 동물이다. '랑'은 태어날 때부터 뒷다리 두 개가 없거나 아주 짧다. '패'는 앞다리 두 개가 없거나 아주 짧다. 때문에 이 두 녀석들이 함께 땅 위를 걸어가려면, 서로 도와 가며 사이좋게 가면 좋겠지만, 그렇지 않으면 넘어지기 일쑤다. 다리가 없거나 길이가 균형을 잡을 수 없으니 그럴 수밖에 없다.

이 두 녀석의 성질도 확연히 구분된다. '랑'은 성질이 흉포하면서 지략이 부족하다. 반대로 '패'는 순하면서 지략이 뛰어나다. 따라서 함께 먹이를 찾으러 나갈 때는 패의 지략을 따르는 것이 좋다. 그런데 서로 마음이 바뀌거나 고집을 피우면, 먹이를 구하지도 못하고 제대로 걷지도 못하므로, 꼼짝없이 굶어 죽을 수밖에 없다.

'낭패(狼狽)'와 함께 놓고 볼 만한 개념으로 '교활(狡猾)'이라는 말이 있다. '간사하고 꾀가 많다'는 뜻이다. 이 또한 '견(犬: 犭)'이 붙어 있다. 『산해경(山海經』에 이 동물에 관한 특성이 보인다. '교(狡)'나 '활(猾)'은 모두 동물 이름으로, 현실에는 실제로 존재하지 않는 전설상의 동물이다.

'교'는 옥산(玉山)에 살고, 개와 같지만 표범 무늬를 하고 있다. 머리에는 쇠뿔을 달고 있어 형상이 괴이하다. 울음소리 또한 개와 비슷하다. 한 가지 특별한 것은, 이 녀석이 나타나면 그해에 풍년이 든다. 그런 점에서 '교'는 길(吉)한 조짐이며 어느 누구나 반긴다.

하지만 '교'의 주변에는 '활'이 있다. 이놈은 아주 간악하다. 사는 곳은 요광산(堯光山)인데, 몸뚱이에는 돼지털이 나 있으며, 동굴 안에서 겨울잠을 잔다. 기합 소리를 내듯이 한 번 울어 대면, 온 세상이 큰 혼란에 빠져 버린다. '활'이 흉(凶)한 조짐을 상징하기 때문에, 사람들은 모두 이 동물을 두려워한다.

'교'나 '활'은 산 속에서 호랑이 같은 맹수를 만나면, 자기 몸을 구부려 공처럼 만들어 버린다. 호랑이가 입을 벌리고 삼키려 들면, 재빨리 입안으로 들이킨 다음 내장으로 굴러가 그것을 파먹는다. 배가 아파 호랑이가 날뛰면, 맘껏 내장을 뜯어 먹는다. 그리고 호랑이가 죽으면, 그때 유유히 뱃속에서 빠져 나온다.

또한 '견(犬: 犭)'이 붙어 있는 '유(猶)'라는 동물도 있다. 이 녀석은 의심이 많아 바스락거리는 소리만 들어도 나무 위로 숨어 버린다. 이 '유(猶)'의 본래 뜻은 '원숭이'였다. '유예(猶豫)'라는 말이 바로 '유'라는 동물과 관계가 깊다. '예(豫)'는 '상(象)'자가 있으므로 코끼리다. 지금 일반적으로 알고 있는 큰 코끼리보다 더 커서, 동작이 매우 느렸을 것으로 추측된다. 여기에서 '망설이다 보니 어떤 일을 제대로 결행하지 못하다!'라는 뜻의 '유예'라는 말이 생겼다.

'낭패(狼狽)'는 다리 없는 두 마리의 이리가 처한 곤경을 말한다. 조급한 나머지 다급하여 조치를 잘못한다는 의미다. 이와 반대되는 의미의 '교활(狡猾)'은 너무나 대처를 잘한다는 뜻이고, '유예(猶豫)'는 당장 조치를 취하지 않는 삶의 태도를 말한다.

농락(籠絡) - 구속과 제한, 얕은 잔꾀

문자

籠 새장 롱　絡 얽을 락

독해

인간의 삶은 다양한 경험이 누적되면서, 거듭 성장한다. 때로는 신뢰를 바탕으로 끈끈하게 우정을 다지기도 하고, 때로는 배신과 사기에 우울한 나날을 보내기도 한다. 그런 삶의 한가운데, '농락(籠絡)'당한 기분을 느끼는 경우가 상당하다.

롱(籠)은 '죽(竹)'과 '룡(龍)'이 결합된 글자다. 원래는 '흙을 담는 삼태기'를 의미했다. 하늘을 마음대로 나는 용(龍)처럼, 물건을 담아 자유자재로 움직이려고 했던 취지에서 만든 글자다. 나중에, 반드시 대나무가 아니더라도, 얽어서 만든 것으로 물건을 담거나 가두어 두는 기능을 가진 기물은 모두 '롱(籠)'이라고 했다.

'락(絡)'은 제각기 흩어져 있는 물건을 모아서 얽어 맨 것을 말한다. 이 한자를 응용하여 만든 용어들을 보면, '잇달아 얽어매는 것'이 연락(聯絡)이고, '하나의 혈맥으로 서로 통하도록 얽혀 있는 것'이 맥락(脈絡)이며, '오장육부에(五臟六腑)에 거미줄처럼 얽혀 있는 것'이 경락(經絡)이다.

이 두 글자를 합한 '농락(籠絡)'은 '가두고 얽매여 놓는 일'이다. 다시 말하면, '구속'이나 '제한'한다는 뜻을 지니고 있다. 여기에서 농락은 '제 마음대로 주무르는 일'을 의미하게 되었다. 옛날에는 임금이 얄팍한 기교를 부리며 신하나 백성을 속이고 놀리는 짓을 상징했다. 그것은 결코 긍정적인 의미나 좋은 뜻이 아니었다.

중국 명(明)나라 초기에 대학자이자 충신이었던 방효유(方孝孺)라는 사람이 있었다. 그는 혜제(惠帝)에게 「심려론(深慮論)」이라는 유명한 치국책(治國策)을 지어 올렸다. 요지는 간단했다.

훌륭한 통치자는 덕을 닦고 천심을 닦기 위해 노력해야 합니다!
얄은 잔꾀로 백성을 농락해서는 안 됩니다!

그런 만큼, 방효유는 다른 사람으로부터 농락당하는 것도 매우 싫어했다.

나중에 연왕(燕王)이 惠帝(혜제)를 죽이고 등극했는데, 이가 성조(成祖)인 영락제(永樂帝)다. 성조는 민심을 수습하기 위해, 방효유가 혜제에게 올린 「치국책」의 이 문장을 빌리고자 했다.

그러나 방효유는 단호하게 거절했다. 이후, 본인은 물론 삼족(三族)을 멸하는 참혹한 벌이 내려졌다. 왕을 농락했기 때문일까? 사람을 제멋대로 이용하는, 농락의 대가가 너무나 무섭다!

다기망양(多岐亡羊) - 다양성에서 오는 혼란

문자

多 많을 다　岐 나뉠 기　亡 잃을 망　羊 양 양

독해

인간 사회에서 다양하고 복잡한 상황을 마주할수록, 그 사태를 단순화할 필요가 있다. 다양하고 복잡한 만큼 정돈하기 힘들고 갈피를 잡기 힘들 수 있기 때문이다.

『열자(列子)』에 재미있는 일화가 등장한다. 중국 고대 전국시대의 사상가인 양주(楊朱)에 관한 이야기이다. 양주는 노자(老子)의 무위(無爲)나 독선(獨善)의 사유를 받아들였다. 그것은 염세적인 인생관으로 발전했고, 자기중심적 쾌락주의나 극단적 개인주의를 낳았다.

어느 날 양주의 이웃집에서 기르던 양(羊) 한 마리가 울타리를 박차고 달아났다.

그래서 이웃집 사람들은 물론 양주네 집 하인들까지, 모두 모여서 양을 찾아 나섰다. 양을 찾아 나서는 소리가 너무도 웅성거리며 소란스럽게 들려오기에 양주가 물었다.

"양 한 마리 찾는데, 왜 이리 많은 사람이 나섰는가?"

양주의 하인이 대답했다.

"예! 양이 달아난 쪽에는 갈림길이 많기 때문입니다."

얼마 후, 양을 찾아 나섰던 사람들 모두가 헉헉거리며 지쳐서 돌아왔다.

양주가 물었다.

"그래! 양은 찾았는가?"

하인이 대답했다.

"갈림길이 너무 많아서 헤매다가 그냥 되돌아오고 말았습니다."

양주가 다시 물었다.

"그러면, 양을 못 찾았단 말이냐?"

하인이 대답했다.

"예, 갈림길에 또 갈림길이 여기저기 나 있어서 양이 어디로 달아났는지 도무지 알 길이 없었습니다."

이 말을 듣자, 양주는 우울한 얼굴로 하루 종일 아무 말도 하지 않았다. 제자들이 그 까닭을 물어도 대답조차 하지 않았다. 그렇게 우울한 나날을 보내던 어느 날, 제자 한 사람이 선배를 찾아가 그 사실을 말하고, 스승 양주가 말하지 않는 이유를 물었다. 그 선배는 이렇게 대답했다.

양주 선생은 이렇게 생각하신다네.
"큰 길에는 갈림길이 많기 때문에 도망간 양을 잃어버리고, 학자는 너무 다방면으로 배우기 때문에 본래의 취지를 잃는다. 학문이란 원래 근본은 하나였다. 그 전개 과정의 끝머리에 와서 이와 같이 달라지고 말았다. 그러므로 하나였던 근본으로 되돌아가면, 얻는 것도 잃는 것도 없다!"
때문에, 그렇지 못한 현실이 안타까워 침묵하시는 것이라네.

'다기망양(多岐亡羊)'은 '달아난 양을 찾는데, 길이 여러 갈래로 나뉘어져 있어 양을 잃었다!'라는 의미다. 그것을 응용하여, 학문의 길이 너무나 다양하고 다방면으로 나뉘어져, 진리를 찾기 어려움을 비유하기도 한다. 사업을 할 때, 일을 처리하는 방침이 너무 많아, 나아갈 방향을 찾지 못할 때도 쓰는 말이다.

단기지교(斷機之敎) - 중도 포기, 교육 소홀

문자

斷 끊을 단　機 베틀 기　之 ~의 지　敎 가르칠 교

독해

교육은 인간 사회에 필수적인 삶의 현상이다. 그런 교육의 중요성을 말할 때, 흔히 맹자와 그 어머니 사이에 얽힌 '맹모삼천지교(孟母三遷之敎)'를 떠올리곤 한다.

맹자는 가난한 선비 집안에서 태어났다. 아버지가 일찍 돌아가시자 어머니가 양육을 도맡았다.

주지하다시피, 맹자의 집은 처음에 '공동묘지' 근처에 있었다. 어린 맹자는 자연스럽게 공동묘지에 매장하러 오는 사람들의 일을 보고 배웠다. 장례식을 할 때처럼, 소리 내어 곡을 하고, 땅 속에 관을 묻는 인부들의 흉내를 내며 놀게 되었다. 그러자 맹자의 어머니는, '이곳은 아들을 기를 곳이 못 된다!'라고 생각하고 이사를 하였다.

이사를 간 곳은 '시장' 근처였다. 그러자 어린 맹자는 시장에서 장사하는 상인들이 소리치며 물건을 파는 흉내를 내며 놀게 되었다. 맹자의 어머니는, '이곳도 아들을 기를 곳이 못 된다!'라고 생각하고, 다시 이사를 하였다.

이번에는 '서당' 근처였다. 맹자는 서당의 학생들이 공부하는 것을 보고, 제단을 만들고 제물을 차려 놓고, 예절에 맞추어 절하는 흉내를 내면서 놀게 되었다. 맹자의 어머니는, '여기야말로 아들을 가르칠 만한 곳이로구나.'라고 생각하여, 그곳에서 살게 되었다. 이것이 유명한

'맹모삼천지교(孟母三遷之敎)'로 알려진 내용이다.

이와 더불어 맹자를 대학자로 만든 재미있는 일화가 있다. 유향(劉向)의 『열녀전(列女傳)』에 나오는 이야기이다.

맹자는 소년 시절에 집에서 떠나 조금 떨어진 지역에 유명한 학자를 찾아 유학을 떠났다. 그런데 어느 날 갑자기 맹자가 집으로 돌아왔다. 그때 어머니는 베를 짜고 있었다.

어머니가 물었다.

"네 공부는 어느 정도 진척이 있느냐?"

맹자가 대답했다.

"뭐, 아직은 크게 나아진 것이 없습니다."

그러자 어머니는 짜고 있던 베를 옆에 있는 칼로 끊어 버렸다.

맹자가 깜짝 놀라며 물었다.

"어머니! 그 베는 왜 끊어 버리십니까?"

어머니가 대답했다.

네가 학문을 그만 두고 중도에 돌아온 것은, 내가 짜던 베를 끊어 버리는 것과 마찬가지다. 훌륭한 사람이란 학문을 배워 이름을 날리고, 모르는 것을 물어 지식을 넓혀야 한다. 그러므로 평소에 마음과 몸을 편안히 하고, 세상에 나가서도 위험한 일을 저지르지 않는다.

지금 너는 학문을 그만두었다!

이제 너는 다른 사람의 심부름꾼으로 뛰어다녀야 하고, 험난한 세상의 재앙을 피할 길이 없을 것이다. 그러니 생계를 위하여 베를 짜다가 중간에 그만두는 것과 무엇이 다르겠느냐? 남자가 인격을 닦는 일에 소홀히 하면, 도둑이나 심부름꾼이 될 뿐이다."

어머니의 훈계를 들은 맹자는 크게 깨달았다. 그리고는 쉬지 않고 배움에 힘써 훌륭한 학자로 거듭났다. 이 일이, 이른바 '단기지교(斷機之敎)'의 교훈이다.

단장(斷腸) - 극한 슬픔, 애통의 끝

문자

斷 끊을 단　腸 창자 장

독해

인생을 '희로애락(喜怒哀樂)'의 네 글자로 표현하는 경우가 많다. 때로는 기쁘고, 때로는 화나고, 때로는 슬프고, 때로는 즐겁고, 그런 가운데 삶이 펼쳐지기 때문이다. 이 희로애락의 삶에서도 가장 기쁘고 즐거울 때가 있고, 가장 슬프거나 화가 날 때가 있다. 또한, '인생무상(人生無常)'이라는 표현이 있듯이, 삶이 늘 기쁘거나 즐겁기만 하고, 늘 슬프거나 화나기만 하는 인생도 드물다. 이 중에서도 '슬픔'은 인간의 삶을 승화(昇華)시키기도 하고, 파멸(破滅)로 몰아넣기도 한다.

『세설신어(世說新語)』에 보면, 가장 슬픈 모습을 상징하는 장면이 생생하게 기록되어 있다.

중국 고대 동진(東晉)시대 때의 일이다. 동진의 장수인 환온(桓溫)이 촉(蜀)땅을 정벌하기 위해 나섰다. 여러 척의 배에 군사를 나누어 싣고, 양자강(揚子江: 長江) 중류의 협곡인 삼협(三峽)을 통과하고 있었다. 삼협은 사천성(四川省)과 호북성(湖北省)의 경계에 있는 세 협곡(峽谷)이다. 즉 구당협(瞿塘峽)과 무협(巫峽), 그리고 서릉협(西陵峽)을 말한다. 옛날부터 경치가 아름답기로 유명한 곳이다.

환온의 부하 가운데 한 사람이, 원숭이 새끼 한 마리를 붙잡아 배에 실었다. 그러자 어미 원숭이가 이를 보고 뒤따라왔다. 하지만 계곡을 빠르게 흐르는 물 때문에 배에 오르지 못하고, 새끼가 잡혀가는 모습을 보며, 강가에서 발을 동동 구르고 풀쩍풀쩍 뛰면서 슬프게 울부짖었다. 배가 출발하자, 어미 원숭이는 더욱 날뛰었다. 강가는 병풍처럼 펼쳐진 벼랑이었다. 그럼에도 불구하고, 어미 원숭이는 그 벼랑을 타고 필사적으로 배를 쫓아왔다. 100리쯤 나아간 뒤, 배가 강기슭에 닿았다. 배가 멈추자마자 어미 원숭이는 배 위로 뛰어올랐다. 하지만 너무나 지친 나머지 그대로 죽고 말았다.

그 후, 어미 원숭이의 배를 갈라 보았다. 얼마나 애통했는지 창자가 토막토막 끊어져 있었다. 이 사실을 안 환온이 엄청나게 화를 냈다. 그리고 원숭이 새끼를 붙잡아 배에 실은 그 부하를 사정없이 두들겨 팬 다음 내쫓아 버렸다.

새끼가 잡혀가자 어미 원숭이는 슬픔을 이기지 못하였다. 창자가 끊어졌다! 여기에서 유래한 말이 '단장(斷腸)'이다. '창자가 끊어지는 것 같은 슬픔'을 비유할 때 쓴다.

한국 국민들에게 잘 알려져 있는 '단장(斷腸)의 미아리 고개'라는 대중가요도 그런 의미를 품고 있다. 1950년에 발발한 한국전쟁 당시, 서울 북쪽의 유일한 외곽 도로였던 미아리 고개에 얽힌 사연이 단장으로 표현되었다. 수많은 애국지사와 저명인사들이 쇠사슬에 묶여 북으로 납치되어 간 비극적 사건에서 많은 국민들이 견디기 힘든 슬픔을 맛보았다. 여기에 작사가인 반야월이 자신의 딸을 잃은, 견디기 힘든 슬픔을 담은 노래라고 한다.

당랑거철(螳螂拒轍) – 분수 파악, 허세의 함정

문자

螳 사마귀 당　螂 쇠똥구리 랑　拒 막을 거　轍 수레바퀴자국 철

독해

인간 사회는 여러 유형의 사람들이 공존한다. 조용하게 자신의 임무를 다하며 살아가는 사람도 있고, 빈 깡통을 두드리는 소리처럼 요란하게 떠벌리며 허세를 부리는 사람들도 상당히 많다. 자신의 분수를 파악하지 못하고 함부로 날뛰는 존재들이다.

『한시외전(韓時外傳)』에 다음과 같은 이야기가 실려 있다.

중국 고대의 춘추시대, 제(齊)나라 장공(莊公) 때의 일이다. 어느 날, 장공이 수레를 타고 사냥터로 갔다. 가는 도중에 이상하게 생긴 벌레 한 마리를 보았다. 앞발을 도끼처럼 휘두르며, 수레바퀴를 칠 듯이 덤벼들고 있었다.

장공이 물었다.

"허허! 저 녀석 맹랑한 놈이구먼. 저건 무슨 벌레인가?"

수레를 호위하며 따르던 병사가 대답했다.

"사마귀라는 벌레입니다. 앞으로 나아갈 줄만 알지 물러설 줄은 모르는 놈입니다. 자기 힘이 어느 정도인지 생각하지 않고, 아무에게나 마구 덤벼드는 버릇이 있습니다."

장공이 고개를 끄덕이며, 이렇게 말했다.

"아, 그렇구만! 저 벌레가 인간이었더라면 틀림없이 천하무적의 용사가 되었을 것이다. 미물이지만 그 용기가 가상하니, 수레를 돌려 피

해 가도록 하라!"

장공이 본 것처럼, 사마귀가 다른 존재들을 공격할 때, 앞발을 머리 위로 추켜들고 있는 것은 도끼를 휘두르는 모습과 흡사하다. 이를 '당랑지부(螳螂之斧)'라고 한다.

『장자(莊子)』에도 다음과 같은 얘기가 나온다.

어느 날 장자가 질문 하나를 받았다.

"포악하기 이를 데 없고, 지혜가 없는 임금을 섬기고 있는데, 어떻게 하면 좋습니까?"

장자는 간략하게 답했다.

> 우선, 신중하게 자신의 행동을 바로잡고 상대방을 감화하도록 힘써야 합니다. 상대를 대할 때, 사마귀처럼 두 발을 치켜들고 수레바퀴에 덤빌 듯이 행동하면, 제 소임을 다하지 못합니다.

여기에서 장자가 한 말이 바로 '당랑거철(螳螂拒轍)'이다.

『문선(文選)』에도 '당랑거철'이라는 표현이 등장한다.

중국 고대의 삼국시대(三國時代)로 접어들기 직전, 진림(陳琳)이란 사람이 유비(劉備)를 비롯한 여러 영웅들에게 격문(檄文)을 띄웠다.

> 조조(曹操)는 이미 덕을 잃었기 때문에 의지할 인물이 못 된다. 그러니 모두 원소(袁紹)와 더불어 천하의 대의를 도모함이 마땅하다. 열악한 처지에 있는 조조의 군사는, '사마귀가 제 분수도 모르고 앞발을 휘두르며 거대한 수레바퀴를 막으려는 것'과 조금도 다를 바 없다!

춘추시대 장공이 말한 '당랑지부(螳螂之斧)'나 장자나 진림이 언급한 '당랑거철(螳螂拒轍)'은 동일한 의미다. '사마귀가 앞발을 들고 수레바퀴를 가로막는다!'라는 뜻으로, '허세'를 부리거나 '미약한 자신의 분수도 모르고 함부로 날뛰는 행동'을 비유한다.

대기만성(大器晩成) - 긴 시간, 큰 인물

문자

大 클 대　器 그릇 기　晩 늦을 만　成 이룰 성

독해

'그릇'은 인간이 사용하는 도구를 상징한다. 그 가운데는 큰 것도 있고 작은 것도 있다. 인간의 성장이나 성공, 인격을 함양해 나가는 인물의 됨됨이도 마찬가지다. 크고 작음에 차이가 있다. 그릇이나 인물의 됨됨이는 그 크기만큼이나 형성 과정도 다르다.

중국 고대의 삼국시대 때, 위(魏)나라에 최염(崔琰)이라는 장군이 있었다. 풍채도 좋고 명성도 자자한 인물이었다. 그에게는 사촌 동생이 하나 있었다. 이름은 최림(崔林)이었는데, 겉으로 보기에는 별 볼 일 없는 사내였다. 최염에 비해 외모가 시원치 않아서인지, 제대로 출세하지도 못하고, 친척들로부터 멸시를 당했기도 했다. 그러나 최염은 동생의 자질을 꿰뚫어 보고 이렇게 말했다.

> 큰 종(鐘)이나 솥은 그렇게 쉽게 만들어지는 게 아니다. 마찬가지로, 큰 인물도 성공하기까지는 오랜 시간이 걸리게 마련이야! 아우야! 너도 그것처럼 늦게 이루는 그런 스타일이야. 두고 봐! 틀림없이 큰 인물이 될 거야.

과연, 그의 말대로, 최림은 국가의 최고지도자인 천자(天子)를 보좌하는 삼공(三公)의 한 사람이 되었다.

후한(後漢) 광무제(光武帝)때, 마원(馬援)이란 장수가 있었다. 그는 보잘 것 없는 변방의 관리에서 시작하여 복파장군(伏波將軍)이라는 높은 관직에 이른 인물이다. 복파장군은 큰 공을 세운 장군에게만 주어지는 명예로운 칭호다. 마원이 처음으로 조그마한 지방의 하급 관리가 되어, 부임을 앞두고 형을 찾아갔다. 그러자 형은 다음과 같이 충고했다.

> 너무 걱정 말고 열심히 일해! 너는 늦게 성공할 그런 타입이야! 훌륭한 목수는 산에서 막 베어 낸 거친 원목을 시간과 노력을 들여 좋은 재목으로 다듬어 내잖아. 너도 재능을 살려 꾸준히 노력하면, 큰 인물이 될 거야. 그러니 부디 자중하며 꾸준히 노력해.

『노자 도덕경』(41장)에도 그런 사유를 담은 언표가 있다.

> 대방무우(大方無隅), 대기만성(大器晩成)!
> 큰 네모는 모서리가 없고, 큰 그릇은 늦게 만들어진다!

큰 인물은 짧은 시간에 만들어지는 것이 아니라는 말이다.

이처럼, 큰 그릇은 짧은 시간 안에 만들어지기 어렵다. 크게 될 사람은 빨리 성공하여 이슬처럼 사라지기보다, 서서히 경험을 축적하며 늦게 이루어져, 오래도록 은은하게 향기를 뿜으며, 세상에 영향을 미칠 수 있다. 그것이 '대기만성(大器晩成)'이란 의미심장한 표현을 낳았다.

대단원(大團圓) - 보름달처럼 원만한 얼굴

문자

大 큰 대　團 둥글 단　圓 둥글 원

독해

어떤 일을 마무리 지을 때, '대단원의 막을 내리다!'라고 말한다. 일을 최종적으로 정리할 때, '둥글넓적하게 마무리 한다.'라는 의미다. '대단원'은 중국 당나라 때의 현종과 양귀비에 얽힌 얘기에서 비롯된다. 『당서(唐書)』에 다음과 같은 이야기가 전한다.

잘 알려져 있듯이, 양귀비(楊貴妃)는 당(唐)나라 현종과 낭만적인 사랑을 나눈 사람이다. 그녀의 본래 이름은 양옥환(楊玉環)이다. 고아(孤兒)였기에 양씨 집안에 양녀로 들어간 인연으로 양씨 성을 얻었다. 그녀는 장성하여 수왕 이모(李瑁)의 비가 되었다. 수왕은 현종과 무혜비 사이에서 태어난 여덟 번째 아들이다. 그는 출중한 미모를 지녔던 양옥환을 아내로 맞아들이면서 불행해지기 시작했다. 이전에도 당나라 고종이 부황인 태종의 후궁 무씨를 은밀하게 사랑하여 왕후로 맞아들이면서, 당나라의 비극은 시작되었다. 수왕과 현종 사이의 비극도 마찬가지다.

현종은 양귀비를 본 순간, 그냥 푹 빠지고 말았다. 이후에는 그녀만을 특별히 사랑하였다. 당시 현종은 56세였고, 양귀비는 33세였다. 현종은 양귀비를 후궁으로 삼기 위해, 그녀를 여도사(女道士)로 삼아 남궁에 살게 했다. 또한 태진(太眞)이라는 호를 내려, 양귀비의 거처를 태진궁이라 불렀다. 그녀는 비록 귀비였지만, 그 권세는 황후와 다름 없었다. 그녀는 다른 여인들과 다른 차원의 관능미(官能美)가 있었다. 육체의 미묘함으로 인해 현종은 양귀비에게서 헤어나지를 못했다. 두 사람은 기나긴 가을밤을 가볍게 흘려보내듯, 서쪽 교외의 온천에서 행복한 나날을 보냈다. 사랑이 뜨거워질수록 여인에게 빠진 임금은, 나랏일에 소홀했고 나라는 점점 쇠약해졌다.

양귀비는 완전히 현종의 마음을 사로잡았다. 하지만 그녀의 질투심은 하늘을 찌를 듯 높았고, 그로 인해 두 번이나 궁궐에서 쫓겨났다. 양귀비가 잠깐이라도 자리를 비우면 현종은 맥 빠진 사내에 불과했다. 양귀비가 없는 궁궐 안에서의 생활은 현종에게 암흑이자 지옥과도 같았다. 그러다 보니 매사에 의욕이 없었다. 현종은 드디어 양귀비를 불러들였다. 궁궐 안에 들어온 양귀비는 또 온갖 교태로 현종의 마음을 사로잡았다.

조정에서는 이임보나 양국충과 같은 간신배들이 날뛰었고, 현종은 양귀비에게 정신을 빼앗긴 채, 정사는 뒷전이었다. 이렇게 되다보니, 즉위 초기에 훌륭한 정시를 구현했던 '개원지치(開元之治)'는 점점 무너져 갔다.

당나라 6대 황제였던 현종은, 즉위 후, 연달아 발생한 정변으로 혼란스러웠던 정국을 빠르게 수습하고, 요숭을 비롯하여 송경, 장구령 등 유능한 재상을 등용하여 태평성대를 열었다. 이 시기의 당나라는 대내적으로는 인구가 증가하고, 생산량이 늘어 풍요로운 시대를 맞이했고, 대외적으로는 절도사 직책의 신설과 모병제 등으로 군사력과 이민족의 지배력을 강화했다. 30년 가량 되는 이런 발전의 시기를 '개원지치'라고 한다.

하지만 742년 현종은 연호를 천보(天寶)로 바꾸고, 사치스럽고 향락적인 생활을 즐기기 시작한다. 이 시기를 '천보난치(天寶亂治)'라고 한다. 황폐한 정치는, 결국, 안록산의 난을 일으켰고, 양귀비는 고역사(高力士)에게 살해되는 비운을 맞았다.

현종과 양귀비의 모습을 보면, 인간이 어떻게 처세해야 하는지, 많은 생각이 떠오르게 만든다. 절도 있는, 대쪽 같은 행동으로 살 것인가? 둥글둥글하게, 원만한 행동으로 살 것인가? 모가 난 곳이 없이, 모든 일에 원만한 양귀비의 얼굴 같은 모습으로 처신해야 할까?

이른바 '대단원(大團圓)'은 보름달처럼 둥근 양귀비의 얼굴에 빗대어 결말을 맺는 용어이다. 그것이 맨 마지막, 인생의 대미(大尾)를 장식할 때, 사용하는 개념으로 발전했다.

대의멸친(大義滅親) - 국가적 의리, 개인적 친분

문자

大 큰 대 義 옳을 의 滅 없앨 멸 親 가까울 친

독해

국가에 위기가 닥쳤을 때, 공동체의 구제가 우선일까? 개인의 생존이 먼저일까? 공(公)과 사(私)의 문제는 상황에 따라 엄청나게 다르게 드러난다.

『춘추좌전(春秋左傳)』에 이와 관련한 의미 있는 이야기가 전해 온다.

기원전 719년, 노나라 은공(隱公) 4년에 위(衛)나라 주우(州吁)라는 녀석이 임금인 환공(桓公)을 죽이고 스스로 임금 자리에 올랐다. 환공과 주우는 이복형제 사이였는데, 주우는 첩의 자식이었다. 그는 어릴 때부터 성질이 거칠고 행동이 방자했다. 하지만 아버지 장공(莊公)이 주우를 아낀 나머지, 어릴 때부터 제멋대로 행동해도 그냥 내버려두고 있었다.

석작이라는 신하가 주우의 이런 행동을 보고 앞일을 걱정하여, 장공에게 충고를 했다.

"주우 공자를 태자로 세우실 생각이시면 일찍 결정을 내리십시오! 이대로 두면 큰 화를 불러일으키게 될 것입니다!"

이런 염려에도 불구하고 장공은 그에 대해 말하지 않았다. 석작이 이렇게 충고한 데는 이유가 있었다. 장공의 본처인 정비(正妃) 장강(莊姜)이 주우를 미워하고 있었기 때문이다. 장강은 얼굴도 미인이고 마음씨도 착했으나 아들을 낳지 못했다. 이에 다른 부인의 몸에서 난

아들을 자기 아들로 길러 뒤를 잇게 한 것이 환공이었다.

석작의 아들 석후는 재주와 용맹이 뛰어났다. 그러나 아버지의 반대를 무릅쓰고 주우와 한패거리가 되어 어울려 다녔다. 석작이 염려한 대로 주우는 석후와 짜고, 환공을 죽이고 스스로 임금 자리에 올랐다. 석작은 이 일이 일어나기 전에 벼슬에서 물러나 집에 들어박혀 있었지만, 나라를 걱정하는 마음은 누구보다도 강했다.

임금이 된 주우는 자신의 지위를 굳히기 위해, 무력으로 이웃 나라를 침공하는 등, 여러 방법을 썼다. 하지만 백성은 여전히 그를 따르지 않았다. 반란 이후, 나라를 이끌어 갈 묘책을 제대로 내지 못하자, 석후가 아버지에게 물었다.

"어떻게 하면 주우의 지위를 안전하게 할 수 있겠습니까?"

석작이 말했다.

"천자에게 문안을 드리는 것이 좋을 것이다."

석후가 말했다.

"천자께서 받아들일 것 같지가 않습니다."

석작이 말했다.

"지금 진(陳)나라 임금은 천자의 신임을 받고 있다. 진나라는 위나라와 사이가 좋으니, 진나라를 통해 천자를 만나러 가면 무난할 것이다."

이리하여 석후는 주우와 함께 진나라로 떠났다. 한편, 석작은 급히 진나라로 사신을 보내 다음과 같이 전했다.

"위나라는 힘이 없어 역적의 무리를 다스리지 못하고 있습니다. 임금을 죽인 이들 두 사람을 진나라에서 처단해 주시기 바랍니다!"

석작의 부탁을 받은 진나라에서는 주우와 석후를 잡아 가두었다. 그리고는 이 둘의 처형에 입회할 사람을 보내 달라고 위나라에 요청했다. 이때, 석작은 생각했다.

"혹시 진나라에서 자기들의 체면을 생각하여 아들 석후를 살려 놓지나 않을까?"

이런 염려 때문에 석작은 자신의 심복을 보내 직접 석후를 처형하도록 시켰다. 아무리 아버지이지만, 국가의 멸망을 지켜볼 수 없었기 때문이었다. 이후 석작은 다음과 같은 인물로 평가 되었다.

"석작은 충성스런 신하다. 반란으로 임금이 된 주우를 미워하여, 자식인 석후까지 죽였다!"

이것이 이른바 '대의멸친(大義滅親)!' '대의를 위해 육친의 정을 버린다!'는 말이다. 국가의 대의를 위해서는 부모 형제도 돌아보지 않는, 사회 전체에 미치는 대의명분을 위해서는 개인적 친분을 고려하지 않는다는 뜻이다.

이런 역사에 대한 태도가 공자의 '춘추필법(春秋筆法)'으로 드러난다. 바로 공자가 편찬한 『춘추(春秋)』의 역사 기록은, 그 글자 하나하나에, 사회 정의와 관련된 깊은 뜻이 담겨 있다.

도원경(桃源境) - 행복한 나라, 이상사회

문자

桃 복숭아 도　源 잇닿을 도　境 장소 경

독해

정말, 지상(地上)의 낙원(樂園)이 있을까? 유토피아(utopia)! 그런 곳이 있다면, 어떤 모습일까? 흔히, 무릉도원(武陵桃源)으로 불리는 세상은 평화로 가득할까? 그런 곳에 사는 사람들은, 또 무엇을 염원하고 있을까?

'무릉도원', 또는 '도원경(桃源境)'이라는 말은 안락과 평화의 상징이다. 인간이 갈구하는 유토피아를 뜻한다. 그것은 중국의 동진 말기에서 남조시대의 송대 초기에 걸쳐, 난세를 헤쳐 나가며 민중적 삶을 살았던 시인 도연명(陶淵明)의 「도화원시병기(桃花源詩並記)」에 등장한다.

진(晋)나라 태원(太元) 연간에 무릉(武陵)에 한 어부가 살았다. 그 어부는 골짜기의 냇물을 거슬러 올라가며 물고기를 잡고 있었다. 그 도중에 양쪽 언덕에 펼쳐진 복숭아나무 숲으로 들어갔다. 복숭아꽃이 한창 피어있기에, 어부는 작은 배를 저어 가며, 그 복숭아꽃에 반하고 말았다. 배를 젓고 또 저어 가도 복숭아꽃으로 가득한 숲은 끊임없이 이어졌다. 도대체 어디까지 피어 있는 거야! 게다가 복숭아 꽃잎이 파란 잔디밭 위에 펄펄 춤추며 내려앉고 있었다. 여기가 어디쯤이나 될까? 도대체 이 숲은 어디까지 계속된 것일까? 그렇게 생각하고 중얼거리며 계속 올라갔다. 마침내, 냇물의 근원, 그 발원지에서 복숭아 꽃

숲이 끝나고 있었다.

그 앞을 보니 산이 우뚝 솟아 있고, 그 산의 가운데 조그마한 굴이 보였다. 굴 입구는 마치 무엇이 빛나고 있는 것 같았다. 굴 앞으로 다가갔다. 입구가 너무나 좁아 사람 하나가 겨우 빠져나갈 만하였다. 어부는 배를 매어 두고 굴 안으로 기어 들어갔다. 그런데 이게 웬일인가? 굴을 빠져 나오자 넓은 땅이 펼쳐졌다. 집들이 정연하게 늘어섰고, 밭이 아름답게 가꾸어져 있다. 사람들은 즐거운 듯이 밭갈이를 한다. 이게 뭐지? 이런 곳에 이런 마을이? 그곳을 방문한 어부나 어부를 맞이하는 마을 사람들 모두가 놀랐다.

어부가 묻는다.

"여기가 어디지요? 어떻게 이 산속에 마을이!"

마을 사람이 답한다.

"아니, 당신은 어떻게 여기를?"

서로가 어리둥절해하며, 만나게 된 이유를 묻기에 바빴다. 이 마을 사람들은 옛날 진(秦)나라 때의 난리를 피하여, 아내와 자녀를 이끌고 이 절경으로 도망쳐 왔다고 한다. 이후로는 바깥에 나가지 않고, 세상과는 교류를 완전히 끊어버렸다.

마을 사람들이 다시 묻는다.

"지금은 어느 시대이고, 도대체 어떤 세상입니까?"

온갖 얘기꽃을 피우며, 어부는 마을 사람들에게 환대를 받았다. 그곳에서 며칠을 묵고, 원래 들어온 길에 표시를 붙여 놓으면서 집으로 돌아왔다. 돌아와서는 그 일을 태수(太守)에게 보고했다. 태수는 사람을 시켜 그 마을을 찾아보게 했다. 하지만 찾을 수가 없었다. 당시, 유자기(劉子驥)라는 최고 수준의 선비가 이 말을 듣고 기뻐했다. 그리고는 수백 번 그곳을 찾으려고 했지만, 병으로 쓰러져 목적을 이루지 못했다. 이 이후로 '도원경'의 길을 찾아가는 사람은 아무도 없었다.

이 이야기는 무엇을 말해 주는 걸까? 혹시, 어부가 환상을 본 것은 아닐까? 원래부터 없었던 도원경인데, 민중들이 그런 세상을 너무나 갈망한 나머지, 꿈꾸고 싶은 세상은 아니었을까?

도연명이 살았던 시대는 불안이 절정에 달한 시기였다. 중앙이나 지방을 가릴 것 없이 권력 암투가 벌어지고, 민족들 사이에 싸움이 거칠 날 없는, 침략과 혼란의 시대였다. 그만큼 민중들의 삶은 고통의 나날이었다. '도원경(桃源境)'은 이와 같은 퇴폐적 난세의 모습에 근거한다. 도연명은 어떤 세상을 그려 보았을까?

유토피아!

가난한 삶으로 민중과 함께 했던 도연명, 결국 그가 꿈꾸었던 '도원경'은 민중들이 간절히 바랐던 지상낙원이 아니었을까? 이런 차원에서 도원경은 사람들이 추구하는 '행복의 나라', 이상사회의 모습을 의미한다.

동공이곡(同工異曲) - 다르게 보이는 것들의 동일함

문자

同 같을 동　工 장인 공　異 다를 이　曲 굽을 곡

독해

같은 마음과 다른 마음, 같은 내용과 다른 내용, 인간 사회의 여러 사태는 같은 것 같으면서도 다르고, 다른 것 같으면서도 다른 일들이 수시로 발생한다. 긍정적인 사안의 경우, 유사한 일을 했다면 칭찬 받을 수도 있다. 부정적인 사안의 경우, 그 반대로 드러나기도 한다. 때로는 훌륭한 일을 동일하게 처리했음에도 불구하고, 칭찬은커녕 비난을 받기도 한다.

당나라 때의 대학자인 한유(韓愈)의 「진학해(進學解)」라는 글에 의미 있는 얘기가 실려 있다. '진학(進學)'은, 말 그대로, '배움에 나아가다.'라는 의미이고, '해(解)'는 '사람에게 생기는 의문이나 의심을 풀어 주다.'라는 뜻이다. 이런 의미를 바탕으로 '해(解)'는 이후에 문장의 한 형태가 되었다.

한유는, 당시, 세상이 알아 주는 문장가였다. 하지만 명성에 비해 출세하지 못하고, 늦은 나이에 이르기까지 사문박사(四門博士)라는 관직에 머물러 있었다. 그러자 「진학해」라는 글을 통해 스스로를 위로하고, 또 타일렀다. 「진학해」의 내용은, 대략적으로 아래와 같다.

한유는 지금의 대학에 해당하는 국자(國子)의 선생이었다. 어느 날, 한유는 학교에 나가 학생들을 가르치는 도중에 말했다.

나중에 출세하지 못한다 하더라도, 나라의 처사에 불평하지 말고, 자신의 학문이 부족한 것을 책망하여, 더욱 열심히 노력하라!

그러자 한 학생이 비웃기라도 하듯이, 따져 물었다.

선생님은 모든 학문에 두루 능통하시고, 문장에서는 옛날의 대문장가에 필적합니다. 또한 인격에서도 부족함이 없으십니다. 그런데 어찌하여, 공적으로는 세상의 신임을 얻지 못하고, 사적으로는 생활마저 제대로 이어나가기 어려운 형편에 처해 있으십니까? 이런 상황에서, 왜 저희들에게 그런 말씀을 하십니까?

그러자 한유는 이렇게 대답했다.

공자나 맹자와 같은 성인도 세상에 뜻을 얻지 못하고 불행하게 생애를 마쳤다. 나 같은 삶은 그런 성인에 비교할 수조차 없다. 하지만, 그래도 죄지은 일 없이 나라의 녹봉을 먹으며 잘 살고 있지 않은가! 따라서 세상 사람들이 나를 비난하는 것이 조금도 이상할 게 없다. 박사라는 한직에 있는 것도 당연한 일이 아니겠는가!

「진학해」에서 보여 주는 이 간략한 이야기는 의미심장한 시사점을 던진다. 한유는 이 글에서 학생의 입을 빌어, 자신의 처지를 자문자답하고 있다. 학생은 한유를 대문장가로 칭찬한다. 위로는 순(舜)임금과 우(禹)임금의 문장, 그리고 『시경』의 바르고 화려함, 아래로는 장자(莊子)와 굴원(屈原), 사마천의 『사기』, 양웅(揚雄) 및 사마상여(司馬

相如)와 더불어, "그 '장인정신[工]'을 같이하고, '가락[曲]'을 달리한다!"라고 말했다.

이는 한유가 '문체만 다를 뿐 그 내용에서는 옛날 위대한 문장과 조금도 다를 것이 없다.'라는 말이다. 문장이란 어떻게 쓰느냐에 따라 본래의 뜻과는 달라지는 경우가 많다. 여기에서 '동공이곡(同工異曲)'이라는 고사성어가 탄생했다. '음악이나 문장이 그 됨됨이는 비슷한데 내용이 다르다.' 또는 '하는 일이나 만들어 놓은 것이 얼핏 보면 다른 것 같은데, 실제는 조금도 다를 것이 없다.'라는 뜻이다.

원래 '동공이곡(同工異曲)'은 상대를 칭찬해서 한 말이었다. 그러나 지금은 오히려 경멸하는 뜻으로 쓰이는 경우가 많다. 즉 동일한 내용을 다른 것처럼 보이려 하고 있는 경우를 꼬집어 말할 때 사용한다.

동병상련(同病相憐) - 비슷한 부류, 이해하는 마음

문자

同 한 가지 동　病 앓을 병　相 서로 상　憐 불쌍하게 여길 련

독해

혼란한 시대일수록, 비슷한 부류에 속한 사람들은, 서로의 처지를 보며 이해하고 마음을 나눈다. 같은 병을 앓는 사람끼리 서로 가엽게 여긴다! '어려운 처지에 있는 사람끼리 서로 딱하게 여겨 이해하고 돕는다.'라는 뜻으로 쓰는 말이, 다름 아닌 '동병상련(同病相憐)'이다.

'동병상련'은 오나라의 오자서(伍子胥)의 말에서 유래한다.

중국 고대의 전국시대인 기원전 515년, 오(吳)나라의 공자 광(光)은 사촌 동생인 오나라 왕 요(僚)를 시해하였다. 그리고 스스로를 오나라 왕 합려(闔閭)라고 불렀다. 이때 자객을 천거하며 반란에 적극 협조한 오자서를 요직에 등용했다.

오자서는 일종의 망명객이었다. 합려가 왕이 되기 7년 전, 초나라 태자의 소부(少傅)였던 비무기(費無忌)의 모함으로, 태자의 태부(太傅)로 있던 아버지와 관리였던 맏형이 처형당하자, 오나라로 피신해 왔다. 아버지와 맏형의 처형을 몸소 겪은 그는 복수심이 불타올랐다. 합려가 왕이 되는 반란에 적극 협조한 것도, 사실은 유능한 공자 광이 왕위에 오름으로써, 아버지와 맏형의 원수를 갚을 수 있는 초나라 침략의 길이 열릴 것으로 믿었기 때문이다.

마침, 그해에 또 비무기의 모함으로 아버지를 잃은 백비가 오나라로 피신해 왔다. 그러자 오자서는 그를 오나라 왕 합려에게 추천하여

관직에 오르게 하였다. 이 사실이 알려지자 오자서는 피리(被離)라는 고위 관리에게 비난을 받았다.

피리가 말했다.

백비의 눈길은 매와 같고 걸음걸이는 호랑이와 같습니다. 이는 반드시 살인을 저지를 나쁜 관상입니다. 그런데 그대는 무슨 까닭으로 그런 인물을 왕께 추천하였습니까?

피리의 말이 끝나자 오자서는 이렇게 대답했다.

뭐 별다른 까닭은 없습니다. 「하상가(河上歌)」에도 '동병상련(同病相憐)', '동우상구(同憂相救)'란 말이 있듯이, 나와 같은 처지에 있는 백비를 돕는 것은 인지상정(人之常情) 아닙니까?

그로부터 9년 후, 오나라 합려가 초나라를 공략하여 대승을 거두었다. 오자서와 백비는 마침내 아버지와 맏형의 원수를 갚을 수 있었다. 그러나 그 후 오자서는 피리의 예언대로 월(越)나라에 매수된 백비의 모함에 빠져, 분에 못 이겨 죽고 말았다.

두각(頭角) - 학문과 기예, 뛰어난 재능

문자

頭 머리 두　角 뿔 각

독해

인간의 능력은 제각기 다르다. 인지적 능력이 탁월한 사람도 있고, 도덕성이나 사회성이 남달리 발달한 사람도 있다. 수많은 사람 가운데 학업이나 기예 등이 유달리 뛰어나게 나타날 때, '현두각(見頭角)'이라고 한다.

'현두각(見頭角)'은 한유(韓愈)의 「유자후묘지명(柳子厚墓誌銘)」에 나오는 말이다. 자후(子厚)는 유종원(柳宗元)의 별명이다. 한유와 유종원은 당나라를 대표하는 문장가다. 둘 다 당송팔대가(唐宋八大家)의 한 사람으로 불리는 탁월한 학자다.

유종원은 한유보다 다섯 살이 적었다. 그러나 5년이나 먼저 세상을 떠났다. 유종원은 26세 때 과거 시험에 합격했다. 그러나 한유는 이 시험에 세 번이나 도전하고도 끝내 합격하지 못했다.

한유와 유종원은 서로를 깊이 이해하고 우정을 나누며, 고문(古文)의 부흥에 힘쓰는 등, 학문적으로 큰 발자취를 남겼다. 유종원은 젊어서부터 명성을 드날렸고, 관운도 좋아 사람들의 선망을 받았다. 하지만 인생의 후반부에 접어들면서 지방으로 좌천되는 등 불운이 거듭되었고, 마침내 47세에 세상을 떠났다. 유종원이 후반부에 겪은 인생의 불행은 문장에 깊이와 무게를 더해 주었다. 그의 명문장은 그의 불행을 딛고 나온 한 송이 꽃이었다.

한유는 새 부임지로 가는 도중에 유종원의 죽음에 관한 소식을 들었다. 한유는 부임지에 도착하자마자 유종원의 묘지명을 지었다. 유종원의 생애를 살펴보는 대목은 이렇게 기록되어 있다.

> 유종원은 어릴 때부터 총명하여 모든 것에 통달해 있었다. 아버지가 살아 계실 때, 비록 소년이었지만 거의 완성의 경지에 도달해 있었다. 과거 진사시(進士試)에 급제하여, '단연 출중하게 뛰어난 성적을 보였다!' 사람들은 모두 유씨 가문에 자식다운 자식이 났다고 말했다.

'단연 출중하게 뛰어난 성적을 보였다!'라는 문구가, 한자로 '현두각(見頭角)'이다. 문자 그대로 보면, '머리끝이 드러나다!'라는 뜻이지만, 세상 사람 가운데 유달리 뛰어난 재능을 보일 때 쓰는 말이다.

두각(頭角)을 나타내다!

등용문(登龍門) - 난관 돌파, 약진의 계기

문자

登 오를 등　龍 용 룡　門 문 문

독해

용문(龍門)은 황하 상류의 산서성(山西省)과 섬서성(陝西省)의 경계에 있는 협곡이다. 이곳을 흐르는 여울은 너무나 세차고 빨라서 큰 물고기도 거슬러 올라가기 힘들 정도라고 한다. 그러나 일단 오르기만 하면, 그 물고기는 용이 된다는 전설이 있다. 따라서 '용문에 오르다!'는 말은 인생에서 '난관을 돌파하고 약진의 기회를 얻는다.'라는 귀중한 언표이다. 옛날에는 과거에서 '진사(進士)'에 합격하는 일이 입신출세(立身出世)의 첫걸음이었다. 이를 '등용문'이라 했다.

'등용문'이라는 개념이 등장하는 일화나 경전은 여러 가지가 있다. 그 원초적 근거는 아래의 두 가지 설이 유력하다.

첫째, 후한 말, 환제 때 이응(李應)이라는 관료가 있었다. 그는 정의(正義)를 부르짖은 곧은 선비였다. 요직을 두루 거쳤으나, 환관들의 미움을 받아 투옥되기도 하고, 갖은 수모를 겪었다. 그러면서도 현재의 경찰청장에 해당하는 사예교위(司隷校尉)가 되어 포악한 환관들을 처단했다. 그의 명성은 나날이 올라갔고, 당시 지성인을 상징하는 태학(太學)의 대학생들은 그를 존경하여, '이응은 세상의 본보기다!'라고 평가했다. 이 때문에, 관직에 나아갈 때, 그의 추천을 받는 것은 당시 지식인들에게 최고의 명예였다. 이를 '등용문'이라 일컬었다.

둘째, 『수경(水經)』의 주석에 기록된 아래의 내용이다.

"다광어라는 물고기는 공혈(鞏穴)을 나와 3개월이 지나면, '용문(龍門)'을 오르려고 한다. 용문을 오르면 용이 되고, 오르지 못하면 점액(點額)으로 돌아온다!"

'점액(點額)'은 '등용문(登龍門)'과 상반되는 말이다. '점(點)'은 '상처입다.'라는 뜻이고, '액(額)'은 '이마'를 말한다. 이에 '점액'은 급류를 타고 용문을 거슬러 오르다가, 바위에 이마를 부딪쳐 상처를 입고, 아래로 떠내려가는 물고기다. '점액'은 인생의 주요한 사업에서 출세를 위해 경쟁하다가 패배한 경우나 주요한 시험에서 낙방한 사람을 지칭한다. '등용문'은 그와 반대되는 개념이다.

맥수지탄(麥秀之嘆) – 망해 버린 나라를 보는 한숨 소리

문자

麥 보리 맥　秀 빼어날 수　之 ~의 지　嘆 탄식할 탄

독해

탄식(歎息)의 소리는 다양한 차원에서 거론된다. 그것은 한숨 소리를 우러나게 만드는 상황이 여럿이라는 의미다. 어떤 일이 뜻대로 되지 않을 때, 갑작스런 변고가 생길 때, 또는 나라가 망해 가는 모습을 직접 목도하고 있으면서도 어쩔 수 없을 때 등등, 양상도 가지가지다.

중국 역사에서 그런 모습을 처절하게 보여 주는 시기가 있다. 은나라에서 주나라로 넘어가는 과정이 그러하다.

은(殷)나라의 주왕(紂王)은 하(夏)나라의 걸왕(桀王)과 함께, 폭군(暴君)의 대명사로 불린다. '하걸은주(夏桀殷紂)', 또는 '걸주(桀紂)'라고 회자되듯이, 횡포를 일삼고 향락에 빠져 나라를 망하게 만든 장본인들이기 때문이다. 그런 폭군 아래에서, 군주를 제대로 보좌하려고 애쓴 훌륭한 신하도 있었다.

『논어(論語)』「미자(微子)」에, 그 기록이 선명하다.

> 미자(微子)는 떠나고, 기자(箕子)는 종이 되고, 비간(比干)은 충고하다가 죽었다!
> 은나라 말기에 이처럼 훌륭한 세 사람의 신하가 있었다!

미자는 주왕의 이복형이었다. 주왕의 포악함을 보고 수시로 충고를 해도 듣지 않자, 다른 곳으로 도망가 버렸다. 왜냐하면, 이대로 가다가는 은나라의 앞날도 멀지 않았다고 생각하고, 나라가 망할 때 자기도 왕과 함께 죽게 되면, 조상의 제사가 끊어질 것이 염려되어, 이웃의 땅으로 도망가서 살기로 결심했기 때문이다. 일종의 망명(亡命)이다.

기자는 주왕의 친척이었다. 주왕이 술과 여자에 빠져 방탕한 생활만을 일삼고 정치에 관심이 없자, 주왕에게 끊임없이 충고를 했다. 하지만, 주왕은 또한 그의 충고를 들어 주지 않았다. 그러나 미자처럼 망명하면 임금을 욕보인다고 생각하고, 갓도 쓰지 않고 머리를 풀어 헤치고 미친 사람 노릇을 하며, 종이 되어 세상을 떠나 숨어 버렸다.

비간도 주왕의 친척이었다. 그는 미자나 기자와 다르게 처신했다. 임금의 잘못을 끝까지 충고하지 않는다면, 그 재앙이 아무런 죄도 없는 백성에게 미친다고 생각하고, 솔직하게 진심을 담아 주왕에게 충고했다. 그러자 주왕은 벌컥 화를 내며 말했다.

"나는 성인의 심장에 일곱 개의 구멍이 있다고 들었다. 과연 그러한지 살펴봐야겠다!"

그리고 비간을 죽여, 가슴을 헤치고 그 심장을 보았다고 한다.

은나라 말기의 모습이 이러했다.

드디어 주나라가 은나라를 멸망시키고, 세상을 통일했다. 이때 미자는 자수를 하고 나왔다. 그러자 주나라 무왕은 그를 용서하여 송(宋)나라의 제후로 봉했다. 기자는 정치와는 결별하고 있었지만, 무왕은 기자의 뛰어난 인격을 보고 감명하여, 신하로 삼지 않고 조선의 왕(王)으로 봉하였다.

몇 년이 지난 후, 기자는 주나라를 찾아갔다. 도중에 과거 자신의 조국인 은나라의 도읍지를 걸어갔다. 그렇게도 번화했던 도읍은 흔적도 없었다. 궁전이 서 있던 부근에는 논밭으로 바뀌어 벼와 기장이 우거져 있었다. 만감이 교차했다. 그렇다고 목소리를 높아 통곡할 수도 없었다. 속으로 흐느껴 울 수도 없었다. 그래서 '맥수(麥秀)의 시(詩)'를 지어 읊조렸다.

맥수점점혜(麥秀漸漸兮),
화서유유(禾黍油油).
피교동혜(彼狡僮兮),
불여아호혜(不與我好兮).
보리는 피어 점점 자라고,
벼와 기장도 무성하네.
저 사나운 아이 주왕이,
나의 말을 듣지 않아서라네.

간략하게 풀이하면 다음과 같은 의미이다.

옛날 궁궐이 있던 곳에는 보리가 무럭무럭 자라고, 벼와 기장의 잎도 무성하게 자라 있다. 화려하던 도읍이 이렇게 처참한 모양으로 바뀐 것은, 저 포악한 주왕이 내 말을 듣지 않았기 때문이다.

맥수지탄은 바로 이 노래에서 나온 말로, '망해 버린 나라의 모습을 보고 탄식하는' 뜻을 담고 있다. 그 한탄스런 외침이 절절하게 묻어나온다.

면목(面目) - 부끄러운 얼굴, 최후의 탄식

문자

面 얼굴 면　目 눈 목

독해

어떻게 해야 떳떳한 삶을 살 수 있을까? 부끄러움 없는 인생을 이어 갈 수 있을까? 사람을 대하는 낯빛, 그 체면을 살릴 수 있을까?

사마천의 『사기』「항우본기」에 체면이 얼마나 소중한지를 지시하는 처절한 모습이 기록되어 있다. '권토중래(捲土重來)'의 고사에서도 언급했지만, 항우(項羽)의 최후와 관련된 얘기다.

해하(垓下)에서 사면초가(四面楚歌)를 들었을 때, 항우는 직감했다.

'아, 이제 막판에 다다랐구나!'

항우는 800명의 군사로 적의 포위망을 뚫었다. 그러나 남은 부하는 28명에 지나지 않았다. 한나라 군사는 계속해서 항우를 추격했다. 달아나면서 항우가 뒤따르던 부하들에게 말했다.

> 그동안, 70여 회의 싸움에서, 나는 한 번도 패해 본 일이 없다. 그런데 지금 이와 같은 곤경에 처한 것은 하늘이 나를 망치게 하려는 짓이다. 내가 싸움을 잘못해서가 아니다! 이제 그 증거를 보여 주겠다.

말을 마치자마자 항우는 적진에 뛰어들어, 순식간에 수백 명을 베어 버렸다. 그의 부하들은 모두 감탄하여 땅에 엎드렸다. 그리고 다시 도망가던 항우는 오강(烏江)에 닿았다. 오강의 정장(亭長)이 배를 대고 기다리고 있었다. 정장은 항우를 보자 다음과 같이 말했다.

강동 땅이 좁다고는 하지만 사방이 천리나 되고 인구는 수십만입니다. 충분히 왕업을 이룰 만한 곳이니 어서 배에 오르십시오!

그러자 항우는 웃으면서 말했다.

하늘이 나를 버렸는데, 강을 건너 무엇 하겠는가! 8년 전, 나는 강동의 젊은이 8,000여 명을 이끌고 이 강을 건넜다. 그러나 지금은 한 사람도 살아 돌아오지 못했다. 강동의 사람들이 나를 불쌍히 여겨 왕으로 추대한들, 내가 무슨 면목(面目)으로 그들을 대하겠는가! 그들이 아무 말하지 않더라도, 내 어찌 부끄러운 마음이 없겠는가!

떼를 지어 쫓아오는 적군의 병사 수백 명의 목을 벤 후, 항우는 스스로 칼로 목을 찔렀다.

'면목이 없다!', '면목이 서지 않는다!'

즉, '부끄러워 얼굴을 들 수 없다!'라는 뜻의 고사성어가 바로 항우의 최후 탄식으로부터 나왔다.

명경지수(明鏡止水) - 먼지 없는 거울, 인격자

문자

明 밝을 명　鏡 거울 경　止 그칠 지　水 물 수

독해

인간 사회는 때가 묻은 만큼 혼탁하고 시끌벅적한 경우가 많다. 때문에 상당한 공부에 이른 사람은 맑고 고요한 시공간을 그리며, 자신의 삶을 의미 있게 조율하려고 한다. 그것을 선도(先導)라도 하듯이, 『장자(莊子)』「덕충부(德充符)」에 재미있는 이야기가 실려 있다.

중국 춘추시대 노(魯)나라에 왕태(王駘)라는 사람이 있었다. 그는 학덕이 매우 높았지만, 발뒤꿈치가 잘리는 형벌을 받은 일종의 '올자(兀者)'였다. 장애를 지니고 있다는 말이다. 그러나 유교의 최고 스승인 공자와 쌍벽을 이룰 정도로 많은 제자를 가르치고 있었다.

이를 보고, 어느 날 공자의 제자인 상계(常季)가 불만을 터트리며 말했다.

선생님, 저 '올자'는 어째서 많은 사람들로부터 존경받는 것입니까? 서서 가르치지도 않고 앉아서 논의하지도 않습니다. 그런데 사람들은 별 볼 일 없는 것처럼, 그를 찾아갔다가 알차고 보람 있는 표정으로 돌아옵니다. 말하지 않은 가르침도 있고, 어떤 형태도 없이 마음을 이루는 사람도 있다고 하는데, 그는 도대체 어떤 사람입니까?

공자가 대답했다.

인(人), 막감어유수(莫鑑於流水), 감어지수(鑑於止水)!
아! 그분은 성인이다. 그분의 마음은 고요하다. 사람들은 흐르는 물에 거울삼아 얼굴을 비춰 보지 않는다. 잔잔하게 멈춰 있는 물을 거울삼아 자기 모습을 비춰 본다.

이 이야기에 이어 나오는 정(鄭)나라의 올자인 신도가(申徒嘉)와 재상인 자산(子産)의 대화 가운데도 비슷한 말이 등장한다.

신도가가 말했다.

감명즉진구부지(鑑明則塵垢不止), 지즉불명(止則不明)!
거울에 먼지가 없이 맑으면 티끌이나 때가 끼지 않고, 먼지가 묻으면 흐려진다네! 마찬가지로 인간도 오랫동안 교양을 갖춘 인격자와 함께 있으면, 마음이 맑아져 허물이 없어진다고 했네!

이런 전설과 같은 기록에서 '맑은 거울'과 '조용한 물'이 인간 사회에 던지는 메시지로 형성되었다. 그것이 다름 아닌, '티 없이 맑고 고요한 심경'을 이르는 뜻인 '명경지수(明鏡止水)'다.

목탁(木鐸) – 세상의 바른 도리를 전하는 선각

문자

木 나무 목　鐸 큰 방울 탁

독해

세상을 살아가기 위해서는 나름대로의 지침이 필요하다. 그것은 관례를 중시하는 예의나 보편적 윤리일수도 있고, 법률과 같은 강제 규정일 수도 있다. 인간은 무엇을 기준으로 살아가는가? 그것을 가늠하게 만드는 주요한 도구가 있다. 다름 아닌 '목탁(木鐸)'이다.

대부분의 사람들은 '목탁(木鐸)'을 사찰(寺刹)에서 사용하는 불교 용구, 즉 불구(佛具)로 알고 있는 경우가 많다. 물론, 목탁은 예불을 볼 때마다 스님들이 치는 불교의 주요 도구가 맞다. 하지만 사실은, 중국에 불교가 전래되기 수천 년 전부터, 사람들이 '목탁'을 사용했다.

고대 농경사회의 경우, '봄-여름-가을-겨울' 할 것 없이, 때에 맞게 농사를 짓는 일이 매우 중요했다. 단순하게 보아도, 봄에는 씨 뿌리고 여름에는 김매며 가을에는 수확하고 겨울에는 다시 내년을 준비하는, 계절의 순환을 고려해야만 했다. 농사를 짓는 때를 일러 주는 것은 달력이었다. 때문에 달력이 제대로 갖춰지지 않았던 옛날에는 사람들이 절기(節氣)에 따른 농사일을 알기가 어려웠다. 그래서 통치자는 그때그때 자연의 기후 상황에 맞게, 해야 할 일을 백성들에게 알렸다. 이때 사용했던 것이 '목탁'이다.

농사 때를 알리는 임무를 맡은 관리는, 매년 봄만 되면, 커다란 방울, 즉 '목탁'을 치면서 온 마을을 돌아다녔다. 그 소리를 듣고 사람이 모여 들면, "봄이 왔습니다. 밭을 갈고 씨를 뿌리십시오!"라고 외치며 농사 때를 알렸다. 그런데 큰 방울 가운데 달려 있는 혀가 나무로 돼 있었다. 그러기에 '목탁(木鐸)'이라고 했다. 물론, 그 혀가 쇠로 된 것도 있었다. 그것은 '금(金)'자를 써서 '금탁(金鐸)'이라고 했는데, 주로 군대(軍隊)에서 병사들에게 명령을 하달할 때 사용했다.

나중에 불교가 전래되고, 사람들이 절기에도 어느 정도 익숙해지면서 목탁은 사찰에서 주로 사용되었다. 사찰에서는 식사나 염불 시간 등 사찰 내의 주요 공지 사항을 널리 알려야 했다. 그때 주로 목탁을 이용했다.

농경을 하건, 사찰의 공지 사항을 알리건, 어떤 경우이건, '목탁'은 어떤 사실을 널리 알리는 데 사용됐다. 이런 의미가 확장되면서, 백성들을 교화(教化)하거나 인도하는 사람을 '목탁(木鐸)'이라 부르게 되었다. 목탁은, 달리 말하면, 선각자이자 인도자다. 즉 '스승'을 말한다. 그 대표적인 사람이 유교를 창시한 공자(孔子)였다.

『논어(論語)』「팔일(八佾)」에 다음과 같은 기록이 있다.

공자가 노(魯)나라에서 벼슬을 그만두고, 자기의 이상을 실현시킬 나라를 찾기 위해 '천하주유(天下周遊)'를 하던 때다. 한번은 위(衛)나라에 갔는데, 의(儀)라는 국경을 지키는 관원이 찾아왔다.

"훌륭하신 군자께서 이곳에 오시면, 저는 어떤 분이라도 반드시 찾아뵙습니다!"

관원이 공자를 뵙고 싶다고 간곡히 청하자, 공자를 모시고 있던 하인이 면회를 시켜 주었다. 공자와 몇 마디 이야기를 나누던 관원은 잠시 후, 밖으로 나왔다. 그리고 밖에 모여 있던 공자의 제자들에게 말했다.

> 여러분은 인류의 문명이 쇠락하고 상실되는 것에 대해, 걱정할 필요가 없습니다. 왜 걱정합니까? 저렇게 훌륭하신 선생님이 계신데. 세상에 올바른 도리가 무너진 지 이미 오래 되었습니다. 하늘은 장차 당신들의 선생님을 세상의 올바른 도리를 전하는 목탁(木鐸)으로 삼으실 것입니다!

이 대목에서 공자는 세상 사람들을 각성시키고, 가르쳐 인도하는 사람, 선각자로서의 지위를 확보한다. 공자는 올바른 도리를 전하는 '목탁'이다.

무용지용(無用之用) - 쓸모없게 보이는 존재의 이유

문자

無 없을 무　用 쓸 용　之 ~의 지　用 쓸 용

독해

세상에 쓰임새 없는 존재가 있을까? '쓸모 있다는 것'과 '쓸모없다는 것'의 차이가 무엇일까? 세속적인 안목에서 보면 아무 짝에도 쓸모없는 사안도 때로는 삶의 진정한 동반자로서 매우 유용할 때가 있다. 반대로 모든 사람에게 유용하게 쓰일 수 있는 물건조차도 때로는 거추장스럽게 쓸모없는 것보다 더 괴로운 존재로 바뀔 때도 있다. 그렇다면 보는 이의 입장에 따라 다른 것이, 사물의 쓰임인가?

『장자(莊子)』에 재미난 이야기가 실려 있다.

> 산의 나무는 스스로를 해치고, 등불은 스스로를 불태운다. 계수나무는 먹을 수 있기 때문에 베어지고, 옻나무는 그 칠을 쓸 수 있기 때문에 베어진다. 사람들은 모두 쓸모 있는 것을 어디에 써야 하는지를 안다. 하지만 쓸모없는 것이 진정으로 쓰일 수 있다는 사실을 알지 못한다. 산의 나무는 사람들이 땔감으로 필요하기 때문에, 사람들에게 베어져 제 몸을 불사르게 된다. 등불의 기름은 불을 밝히면 밝아지기 때문에, 스스로의 몸을 불사른다. 계수나무는 향기가 있어 양념으로 쓰기 때문에 베어지고, 옻나무는 옻칠의 도료가 되기 때문에 베어진다. 그들이 몸을 망치는 것은 모두 유용하기 때문이다. 사람들은 모두 쓸모 있는 것을 어디에 써야 하는지 알고 있지만,

쓸모없는 것을 어떻게 이용해야 하는지는 알지 못하고 있다.

혜자(惠子)가 장자(莊子)에게 말했다.

"당신의 말은 도대체 '쓸 만한 것'이 없어요!"

장자가 말했다.

쓸 만한 것이 없다는 사실을 알았다면, 비로소 더불어 쓸 만한 것이 있다는 말과 통합니다. 땅은 넓고 또한 크지 않음이 없습니다. 하지만 사람들이 쓰는 곳은 그저 발을 딛고 서면 만족할 뿐입니다. 그렇다고 해서 발을 재어 파 내려가 황천에 이른다면, 사람들에게 쓸모가 있겠습니까?

혜자가 말했다.

"그런 말 또한 쓸모가 없어요!"

장자가 말했다.

"그러면 쓸모가 없는 것이 쓸모 있게 된다는 것 또한 분명한 사실입니다!"

이 고담준론(高談峻論) 같은 대화는 무엇을 의미할까? 장자는 이 에피소드에 이어 도가(道家)의 최고 언표인 '무위자연(無爲自然)'의 길을 고민한다. 인재와 인재가 아닌 것, 쓸모 있는 것과 쓸모가 없는 것, 이것을 구분하며 세속적 잣대만을 들이대는 것이 정당한가?

장자는 회의(懷疑)한다. 그런 상황을 초월할 때, 완전히 자연스러운 삶을 영위할 수 있는 것이 아닐까?

'무용지용(無用之用)'은 '쓸모가 있다.'라는 사안에만 얽매이는, 세속 사람들의 욕망에 대한 경계이다. 다시 한 번 둘러보라! 과연 쓸모없는 것이 존재하는가? 쓸모없는 존재라고 생각되었던 것이 다른 상황에서도 그러한가?

문전성시(門前成市) - 많은 사람, 어울림의 의미

문자

門 문 문　前 앞 전　成 이룰 성　市 시장 시

독해

겉으로 드러나는 현상과 속으로 숨겨져 있는 본질은 상충(相衝)하는 경우가 많다. 실제로 상충해서가 아니다. 제대로 꿰뚫어 보지 못한 사람들의 오해로 인해, 그런 사태를 빚어낸다. 어쩌면 세태(世態)가 본래 그런 속성을 지녔는지도 모른다.

『한서(漢書)』「정숭전(鄭崇傳)」에 의미 있는 일화가 실려 있다.

중국 한(漢)나라 애제(哀帝) 때의 일이다. 애제가 다스리던 시기에 한나라 왕조는 거의 쇠퇴하여 멸망 직전에 이르렀다. 애제는 20세로 즉위했으나 실권은 외척의 수중에 있었고, 황제 자리만 차지하고 있다가 몇 년 후에 갑자기 세상을 떠났다.

그런 애제에게도 나라를 걱정하며 보필했던 충성스런 신하가 있었다. 정숭(鄭崇)도 그 가운데 한 사람이었다. 정숭은 명문가 출신으로 그 집안은 대대로 왕실과 친인척 관계였다. 정숭은 처음에 애제에게 발탁되어 상서복야(尙書僕射)라는 관리로 있었다. 하지만, 그 무렵 외척들의 횡포에 분개하여, 자주 애제에게 충고했다. 애제도 정숭이 충고하는 말에 귀를 기울이고 있었으나, 결국은 외척들의 힘에 저항하지 못하고, 점차, 정숭을 냉대하게 되었다.

그 무렵, 애제는 점점 자포자기(自暴自棄)하며, 미소년인 동현(董賢)과의 사랑에 빠져 허송세월을 보내고 있었다. 동현에 대한 총애가 너무나 지나치자, 정숭은 보다 못하여 애제에게 다시 또 충고했다. 그러자 애제는 사랑의 흥취가 깨졌고, 이윽고 정숭을 꾸짖기 시작했다. 정숭도 마음이 편안치 않았다. 수시로 병이 났다. 어느 날은 목에 종기가 나서 사직하려고 했으나, 여러 사정상 억지로 참고 있었다.

이와 같은 정숭의 괴로운 처지를 보고 미소를 짓는 사람이 있었다. 바로 상서령(尙書令)인 조창(趙昌)이었다. 조창은 아첨하기를 좋아하는 인물이었다. 평소에 정숭을 미워하고 있었는데, 정숭이 애제에게 충고하는 사안이 받아들여지지 않는 것을 알고는 일을 꾸몄다. 애제에게 상소를 올린 것이다.

> 정숭은 왕실의 여러 사람과 내통하고 있습니다. 무슨 꿍꿍이인지, 좋지 못한 일을 꾸미고 있는 것 같습니다. 철저히 조사하여 확인해 보십시오!

그러자 애제는 정숭을 문책했다.

> 그대의 집에는 평소에 많은 손님들이 모여 상의를 하고 있다는데, 도대체 무슨 일인가? 나를 들먹이며 일을 도모한다는데 왜 그러는가?

정숭이 대답했다.

> 저의 집에는 시장에 사람이 북적대는 것처럼 많은 손님들이 모여듭니다. 하지만 저의 마음은 물과 같이 언제나 맑습니다. 오해하지 말고, 일방적으로 매도하기보다는 다시 한번 조사해 보십시오.

이 말을 듣자마자, 애제는 화가 나서 정숭을 하옥시켜 버렸다. 어떤 용서도 없이 문책에 들어갔다. 그 후유증으로 정숭은 옥중에서 사망하고 말았다.

'문전성시(門前成市)'는 바로 정숭의 당당한 답변에서 나온 말이다.

신문여시(臣門如市), 신심여수(臣心如水)!
저의 집에는 시장에 사람이 북적대는 것처럼 많은 손님들이
모여듭니다. 하지만 저의 마음은 물과 같이 언제나 맑습니다!

일반적으로, '출입하는 사람이 많은 것'에 비유된다.

물의(物議) - 사람들의 평판, 논평과 비난

문자

物 종류 물　議 의논할 의

독해

인간의 속성 가운데 하나가 다른 사람을 평가하며 논의하는 일이다. 그런데 인물에 관한 평가가 문제를 일으키는 경우가 자주 발생한다. 긍정적으로 얘기하면, 비판적으로 평가하는 가운데도 칭찬이 묻어나지만, 부정적으로 비난하며 평가하는 경우, 평가받는 대상은 무조건 나쁜 사람으로 치부되기도 한다. 그만큼 어떤 인간에 대해 정확하게 파악되지 않았는데, 함부로 평가하는 것은 무리가 따를 수 있다. 인생의 의미를 전혀 다른 방향으로 유도할 수 있기 때문이다. 달리 말하면, 심각한 물의(物議)를 일으킨다.

『한서(漢書)』「사기경전(謝幾卿傳)」에 다음과 같은 기록이 있다.

사기경(謝幾卿)은 사영운(謝靈運)의 증손이다. 당시, 사영운은 산수(山水)문학의 대가였다. 도연명(陶淵明)과 더불어 낭만적이고 서정적인 노래로 유명했다. 사기경은 남조(南朝)의 제(齊)나라와 양(梁)나라의 두 왕조에서 관직을 지냈다. 그는 어릴 때, 신동(神童)이라고 칭찬받았다. 8세 때, 아버지가 물에 빠져 위태로운 상황에 처했는데, 직접 물에 뛰어들어 구조하기도 했다.

그런 사기경에게도 여러 차례 위기와 곤경에 처하는 일이 벌어졌다. 양나라 초대 왕인 무제(武帝)의 천감(天監) 연간에, 낭관(郎官)이라는 관직에서 서시어사(書侍御史)라는 관직으로 전임되었다. 하지만,

관직 이동에 실망하고 낙담하여 관청의 일에 끼어들려고 하지 않았다. 이후, 상서좌승(尚書左丞)으로 승진되었다. 그러나 천성이 대범하여, 조정의 규정이나 자잘한 규칙에 크게 얽매이지 않았고, 마음을 간절하게 쓰지도 않았다.

어느 날, 어떤 잔치 집에서 연회를 베풀었으나, 술에 취하지 않고 돌아온 일이 있었다. 집으로 오는 도중에 길가의 술집에 수레를 세워 놓고, 수레 앞에서 함께 잔치에 간 세 사람을 상대로 내기를 하며 술을 마셨다. 그 장면을 본 구경꾼들이 담을 치고 있었다. 그래도 태연하게 마셨다.

사기경의 이러한 술버릇은 무질서한 행동으로 드러났다. 그러자 양나라 무제는 지방에서 발호하는 반역의 무리나 적군을 토벌하는 곳으로 그를 보냈다. 하지만 적군을 제대로 토벌하지 못하고 패하여 돌아왔고, 관직에서도 면직되었다. 그래도 그의 집에는 술을 가지고 교제하기 좋아하는 조정의 관리들로 항상 붐비고 있었다.

어느 날 우연히 좌승(左丞)인 유중용(庾仲容)이 관직에서 파면되어 돌아왔다. 이에 두 사람은 의기투합하여 멋대로 놀며 돌아다녔다. 때로는 뚜껑 없는 수레를 타고 들판을 산책하고, 취하면 큰 방울을 손에 잡고 조가(弔歌)를 부르기도 했다. 그러면서도 세상의 '물의(物議)'는 마음에 두지 않았다고 한다.

이처럼 '물의'는 '세상 사람들의 평판'을 말한다. 일반적으로는 부정적인 뜻으로 쓰이는 경우가 많다. 어떤 사람이나 공동체의 처사에 대해, 많은 사람이 이런저런 논평이나 비난을 하는 상태가 이에 해당한다. 그런 상황이 되면, '물의'를 빚어 미안한 지경에 이른다.

미봉책(彌縫策) - 터진 곳 꿰매기, 임시로 채워 넣는 작업

문자

彌 꿰맬 미　縫 꿰맬 봉　策 계략 책

독해

인간이 하는 일은 다양한 속성을 지니고 있다. 어떤 사안은 일상에서 차근차근 진행할 필요도 있고, 또 어떤 일은 긴급하게 임시로 처리해야 할 때도 있다. 어떤 일이건 근원부터 완벽히 해결하는 것이 좋다. 임시변통으로 처방하는 경우, 문제의 소지를 남긴다.

중국 고대의 춘추시대, 주(周)나라 환왕(桓王) 때의 사건이다.

당시, 주나라는 명목상으로만 천자(天子)의 나라로 존재했다. 환왕은 나름대로 야망을 지니고 있었고, 천자의 나라라는 지위를 회복하기 위해 고심하고 있었다. 그런 가운데 주나라의 세력을 만회하기 위해 정(鄭)나라를 치기로 했다. 왜냐하면 그때 정나라 장공(莊公)은 날로 강성해지는 국력을 바탕으로 천자인 환왕을 무시하는 경향이 있었기 때문이다.

환왕은 먼저 장공의 지위를 끌어내렸다. 왕실의 경사(卿士)로 정치상의 실권을 박탈한 것이다. 이런 조치에 분개한 장공이 조현(朝見)을 중단했다. '조현'은 신하가 임금을 뵙는 일이다. 그러자 환왕은 이를 구실로 군사를 일으키고, 제후들에게 장공을 치는 일에 참여하도록 명령했다.

천자의 명령을 받은 괵나라·채나라·위나라·진나라의 군사가 모였다. 이에 환왕은 자신이 총사령관이 되어 정나라 징벌에 나섰다. 이처럼 천자가 직접 사령관이 되어 군사를 거느리고 출정한 사례는 춘추시대 240여 년 동안 없었던 일이다. 이윽고 정나라의 수갈(繻葛)이라는 지역에 도착한 환왕의 군대는 장공의 군사와 대치했다. 공자(公子) 원(元)이 장공에게 전투 지휘와 작전에 대해 진지하게 말했다.

> 지금 좌군(左軍)에 속해 있는 진나라 군사는 국내 정세가 어지러워 전의를 상실한 상태에 있습니다. 그러므로 먼저 진나라 군사부터 공격하면, 그들은 반드시 패배하여 달아날 것입니다. 이런 상황에 처하면, 환왕이 지휘하는 중군(中軍)은 혼란에 빠질 것이고, 경사(卿士)인 괵공이 이끄는 채나라와 위나라의 우군(右軍)도 지탱하지 못하고 퇴각할 것입니다. 이때 중군을 치면 틀림없이 우리가 승리할 수 있습니다.

장공은 원의 작전 계획에 따라 원형(圓形)의 진(陣)을 쳤다. 이는 병거(兵車)를 앞세우고 보병(步兵)이 뒤따르게 하는 전투 방법으로, 병거와 병거 사이에 보병을 임시로 채워 넣은 전술 형태였다. 이 임시로 채워 넣은 것을 '미봉(彌縫)'이라 한다. 원이 진언한 전략은 적중했고, 환왕은 어깨에 화살을 맞은 채 대패하고 말았다. 이 작전과 전술에서 나온 말이 '미봉책(彌縫策)'이다.

발본색원(拔本塞源) - 뿌리 뽑고 샘 막기, 완전한 처치

문자

拔 뽑을 발　本 뿌리 본　塞 막을 색　源 샘 원

독해

우주 자연의 현상에 원인과 결과가 있듯이, 인간 사회의 모든 현상에도 원인과 결과가 존재하기 마련이다. 의미가 동일하지는 않지만, 불교에서는 '인연(因緣)'이나 '연기(緣起)'라고 표현하기도 하고, 철학적으로는 인과설(因果說)로 설명하기도 한다. 인과 관계에서, 원인의 결과가 긍정적으로 드러나는 경우, 대부분의 사람들은 그 결과를 열심히 노력한 대가가 정당하게 주어진 것으로 인식하고, 결과를 낳은 원인을 적극적으로 규명하지 않는다. 그 반대의 경우에는 적극적으로 원인을 규명하여, 부정적으로 드러나거나 실패의 책임 소재를 따져 묻기도 한다. 심각한 문제가 발생하는 사안에 대해서는, 단순하게 따져 묻는 것에서 그치지 않고, 근원에서 재검토를 요청하기도 한다.

『춘추좌씨전』<소공(昭公) 9년>조에 의미심장한 기록이 있다. 왕의 말이다.

> 나는 큰아버지에게 다음과 같은 존재다.
> "의관(衣冠)을 갖출 때, 옷과 갓이 있어야 하는 것과 같다. 나무에는 뿌리가 있고, 물에는 샘이 있다. 백성에게는 그 집의 주인이 있어야 한다!"
> 큰아버지가 갓을 찢어버리고, 뿌리를 뽑고 샘을 막으며, 그 집

의 주인을 아주 버린다면, 어찌 되겠는가?
저 오랑캐들조차도 나 한 사람을 우습게 볼 것 아닌가!

이 기록에서 '발본색원(拔本塞源)', 즉 '뿌리를 뽑고 샘을 막다!'라는 언표가 나온다. 이 말은 명나라 때 대학자인 왕양명(王陽明)의 실천을 위한 이론적 기초의 하나로 등장하면서, 사상적으로 더욱 강조되었다. 왕양명은 55세 때 「발본색원론(拔本塞源論)」이라는 상당히 긴 논설을 썼다. 자세한 내용은 양명의 제자들이 엮은 『전습록(傳習錄)』에 수록되어 있다. 이 글은 그의 사상을 엿볼 수 있는 핵심 이론으로, 유학의 '공부론(工夫論)'에서 매우 중시되어 왔다. 서두에서 다음과 같이 쓰고 있다.

발본색원(拔本塞源)을 왜 신중하고 심각하게 논의해야 하는가? 이 논의가 세상에 제대로 밝혀지지 않는다면, 세상에서 성인의 학문을 배우는 사람들이 날로 번잡하게 헷갈려 하고 날로 어렵게 될 것이다. 사람들이 금수나 오랑캐와 같은 시경에 빠지고서도, 스스로는 성인의 학문을 한다고 착각하게 될 것이다!

그 만큼 '발본색원'은 중요하다. 공부를 할 때, 폐단이 있다면, 그 폐단의 근원을 아주 뽑아 없애 버려야 한다. 악의 근원이나 잘못된 습관, 좋지 않은 것들, 해로움을 줄 수 있는 일들은, 그 뿌리를 뽑아 버림으로써 다시 자라나는 것을 막을 수 있다. 원천을 막아 버려라! 그래야 다시 넘쳐흐르는 일이 없다!

이처럼, '발본색원'은, 무슨 일을 하든지 간에, 다시 오류나 후환이 생기지 않도록, 근원적으로 완전히 처치하는 것을 말한다.

방약무인(傍若無人) – 주위를 의식하지 않는 의기충천

문자

傍 곁 방　若 같을 약　無 없을 무　人 사람 인

독해

인간의 성격은 다양하다. 어떤 사람은 엄격중후(嚴格重厚)하고 어떤 사람은 자유분방(自由奔放)하다. 또 어떤 사람은 타인의 시선을 철저히 고려하며 사는데 비해, 어떤 사람은 타인을 전혀 의식하지 않고 제멋대로 행동하기도 한다.

『사기』「자객열전」에 다음과 같은 이야기가 있다.

전국시대가 거의 끝날 무렵, 즉 진나라 왕인 영정(嬴政)이 천하를 통일하기 직전의 일이다. '영정'은 나중에 진시황제(秦始皇帝)가 된다. 당시에 포학무도(暴虐無道)하다고 소문난 진나라 왕 영정을 암살하려다 실패한 자객 가운데 형가(荊軻)라는 사람이 있었다.

형가는 위(衛)나라 출신으로 책 읽기를 좋아했다. 또한 검술을 익히며 수련하는 일상을 즐겁게 보내고 있었다. 하지만 당시의 위나라 군주인 원군(元君)은 그를 실력에 걸 맞는 관리로 등용해 주지 않았다. 그러자 형가는 여러 나라를 돌아다니다가 연(燕)나라에서 고점리(高漸離)를 만났다. 고점리는 거문고 연주의 명수였다. 상당히 낭만적이면서도 시대를 꿰뚫고 있었다. 술과 음악을 좋아하던 형가와 고점리는 서로 마음이 맞아 매일 시장 거리를 돌아다니며 술을 마셨다. 술기운에 취하면 고점리는 거문고를 연주하고, 형가는 노래를 불렀다. 그러다가 세상에 대한 감회가 복받치면, 함께 부둥켜안고 엉엉 울었다.

'주변에 아무도 없는 것처럼' 마음껏 자신들의 감정을 표현하였다.

이 후 형가는 연나라 태자 단(丹)의 부탁으로 진나라의 왕을 암살하려다 실패하고 죽었다. 고점리와 형가가 만나 노래를 부르다 시대를 한탄하며 실컷 울어 감정을 드러낼 때, 이 둘은 '곁에 사람이 아무도 없는 것 같이' 여겼다. 형가와 고점리의 행동에서, '곁에 아무도 없는 것처럼', '주위에 있는 사람을 전혀 의식하지 않은 채 제멋대로 마구 행동하는 일'을 가리킬 때, '방약무인(傍若無人)'이라고 표현한다. 그렇다고 그것이 무뢰한(無賴漢)의 방자한 행동은 아니다. 오히려, 의기(義氣)가 충천한, 떳떳한 정신을 지닌 정의로운 사람들의 현실적 저항이다.

배반낭자(杯盤狼藉) - 일의 끝, 혼란과 쇠퇴

문자

杯 잔 배　盤 대야 반　狼 이리 낭　藉 깔 자

독해

세상의 모든 일은 흥망성쇠(興亡盛衰)의 과정을 거친다. 특히, 쇠망의 시기에는 기운이 모이거나 질서가 잡히지 않게 마련이다. 이런 상황을 예고라도 하듯이, 사마천의 『사기』「골계열전(骨稽列傳)」<순우곤전(淳于髡傳)>에 재미있는 이야기가 실려 있다.

제(齊)나라 위왕(威王) 8년, 초(楚)나라가 대군을 이끌고 제나라를 공격해 왔다. 이를 막기 위해, 위왕은 조(趙)나라에 구원을 요청했다. 구원 요청을 할 때, 네 마리 말이 끄는 수레 10쌍에 황금 100근을 싣고, 순우곤을 사신으로 보내려고 부탁하며 불렀다. 그러자 순우곤이 하늘을 쳐다보며, 갓끈이 끊어질 정도로 크게 웃었다.

위왕이 물었다.

"왜 그러십니까? 선생은 조나라에 보내는 선물이 적다고 생각하십니까?"

순우곤이 말했다.

천만에 말씀입니다. 하지만, 제가 웃은 데는 이유가 있지 않겠습니까? 허허!
사실은 제가 여기로 오는 도중에 풍년이 들게 해 달라고 빌고 있는 사람을 보았습니다. 돼지 족발 한 개와 술 한 잔을 갖춰

> 놓고 빌고 있었습니다.
> "좁은 밭에서는 바구니로 가득, 평지의 밭에서는 수레로 가득 하도록, 오곡이 잘 익어 집안에 가득하게 해 주소서!"
> 농부가 차려 놓은 제물에 비해, 그 소원이 크기 때문에 웃은 것입니다."

그러자 제나라 임금은 황금 1,000근, 흰 구슬 10쌍, 사두마차 100쌍으로 선물의 규모를 늘려서 보냈다. 이에 조나라는 정병(精兵) 10만, 전차 1,000대를 빌려 주었다. 이런 정보가 전해지자, 초나라 군대는 어두운 밤을 틈타 철수해 버렸다. 그러자 위왕은 크게 기뻐하며, 순우곤을 불러 잔치를 베풀었다.

왕이 물었다.

"선생은 어느 정도 마시면 취하십니까?"

순우곤이 말했다.

"한 말에도 취하고, 한 섬에도 취합니다."

왕이 물었다.

"한 말에 취하는 사람이 한 섬을 마실 수는 없어요. 그건 무슨 뜻입니까?"

순우곤이 말했다.

> 임금 앞에서 술을 마시면, 사법관들이 옆에 있고, 검찰관들이 뒤에 버티고 있습니다. 그런 분위기 가운데 두려워하며 엎드린 채 술을 마실 경우, 한 말을 마시기도 전에 취해 버립니다. 또 친척 집에 큰일이 있어 손님들을 접대할 때, 황공하여 술을 받아먹거나 일어서서 장수를 빌면서 마시면, 두 말도 마시기 전

에 완전히 취해 버립니다. 그러나 친구와 오래간만에 만나서, 이야기를 주고받으며 마시면, 대여섯 말을 마셔야 취합니다. 그런데 말입니다. 같은 고장 사람들과 만나, 남자와 여자들이 뒤섞여 앉아, 술잔을 주고받으며 놀이를 하거나 내기를 하면서 술을 마실 때, 저기에는 귀고리가 떨어지고, 여기에는 비녀가 떨어지게 되면, 마음속으로 은근히 기뻐집니다. 그럴 때는 여덟 말쯤 마셔야 취합니다.

왕과 함께 껄껄 웃으면서, 순우곤은 계속해서 말했다.

해가 넘어가고 술도 거의 떨어지게 되면, 술통을 모으고 자리를 거둡니다. 그러면 신발이 뒤섞이고 술잔과 그릇들이 어지러이 흩어집니다. 이제 술자리의 촛불을 끄고, 주인이 개만 그 자리에 있게 하고 손님을 보냅니다. 그러면 비단 적삼의 옷깃이 풀어지고 희미하게 향냄새가 풍겨 옵니다. 이런 때가 되면, 저는 마음이 너무나 기뻐져서, 한 섬의 술은 충분히 마실 수 있습니다. 그러므로 "술이 그나하게 취하면 어지러워지고, 즐거움이 최고조에 이르면 슬퍼진다!"라고 하는 것입니다. 모든 일이 이와 같습니다.

'술잔과 그릇들이 어지러이 흩어지다!' 여기에서 '술잔과 그릇들'은 '배반(杯盤)'이고, '어지러이 흩어진 모양'은 '낭자(狼藉)'이다.

이 표현은 세상의 모든 일이 끝까지 가면, 곧 쇠퇴함을 풍자한 말이다. 위왕은 순우곤의 이 말을 듣고 난 다음부터는 밤새워 잔치를 벌이던 것을 중단하고, 순우곤을 각 지방의 제후를 접대하는 관리로 임명했다. 또한 왕실의 연회에도 항상 순우곤을 곁에 있도록 했다.

백면서생(白面書生) - 오직 글, 경험 없는 무지한 인생

문자

白 흰 백 面 얼굴 면 書 글 서 生 날 생

독해

경험은 인생의 이력(履歷)이다. 산전수전(山戰水戰), 또는 풍찬노숙(風餐露宿)의 험난한 세월을 견뎌 내며, 인생 만사를 겪어 보았다고 하듯이, 삶의 이력은, 쌓인 만큼 인생의 역경을 대처하는 데 도움이 될 수 있다.

중국 남북조(南北朝)시대, 남조의 송(宋)나라 3대 황제 문제(文帝) 때의 이야기다.

현재 절강성(浙江省)에 해당하는 오(吳)땅에 심경지(沈慶之)라는 사람이 있었다. 그는 어릴 때부터 열심히 무예를 연마하여 그 기량이 뛰어났다. 이 무렵, 이전 왕조인 동진(東晉)에서 장군으로 활약했던 손은(孫恩)이라는 장수가 있었다. 손은 장군은 고국인 동진을 다시 일으켜 세우려고 반란을 일으켰다. 심경지는 불과 10대의 어린 나이임에도 불구하고, 개인적으로 병사를 이끌고 나가 손은의 반란군에 대항했다. 전투를 할 때마다 번번이 승리하면서, 출중한 무예와 전술을 세상에 알렸다. 무예로 명성을 떨치게 된 것이다.

세월이 흘러, 심경지의 나이 40세가 되었다. 그는 오랜 세월에 걸쳐 빈번하게 발생하던 이민족(異民族)의 반란을 진압한 공로로 장군에 임명되었다. 문제에 이어 즉위한 효무제(孝武帝) 때는 도읍인 건강(建康), 즉 현재의 남경(南京)을 지키는, 이른바 수도 방위 사령관으로 승진했다. 그 후에도 또 많은 공을 세워 건무장군(建武將軍)에 임명되어, 변경 수비군의 총사령관으로 부임했다.

어느 날 효무제가 고위 관리들을 불러 놓고, 당시 송나라의 숙적인 북위(北魏)를 치기 위한 출병을 논의했다. 이 자리에는 심경지도 배석했다. 효무제는 전쟁에 익숙한 장군인 심경지에게 의견을 물었다. 그러자 심경지는 북벌(北伐) 실패의 전례를 들어 출병을 반대하며 말했다.

> 폐하! 농사는 농부에게 맡기고, 바느질은 아낙에게 맡겨야 합니다.
> 그런데 폐하께서는 어찌하여 북벌을 위한 출병에 대해, 저 '백면서생(白面書生)'과 논의하려고 합니까?

그러나 무슨 이유인지 효무제는 심경지의 의견을 듣지 않았다. 고위 관리들의 의견을 받아들여 출병을 했다. 결과는 뻔했다. 크게 패하고 말았다. 왜, 전쟁에 대해 제대로 알지도 못하는 까막눈들, 그 고위 관리들의 의견을 받아들였던 걸까?

심경지가 충고한 말, '백면서생(白面書生)'은, '오직 글만 읽고 세상일에 경험이 없는 젊은이'를 이르는 말로 사용된다. 어떤 분야건 일을 제대로 처리하기 위해서는, 경험이 있는 사람의 의견이나 그 분야의 전문가에게 자문을 구한 다음, 그들의 견해를 충분히 참고할 필요가 있다. 그것이 경험과 이력, 전문성의 힘이다.

백미(白眉) - 흰 눈썹, 가장 뛰어난 존재

문자

白 흰 백　眉 눈썹 미

독해

세상에는 다양한 형태의 인생이 공존한다. 잘난 사람, 못난 사람, 잘 사는 사람, 못사는 사람, 빈부귀천(貧富貴賤)의 차이 속에서, 사람은 다른 사람을 가늠한다. 혼란한 시대일수록, 사람에 대한 다양한 언급들, 이른바 하마평(下馬評)은 더욱 세차게 쏟아진다.

『삼국지(三國志)』「촉지(蜀志)」<마량전(馬良傳)>에 재미난 일화가 기록되어 있다.

천하삼분(天下三分)의 시대, '위(魏)-오(吳)-촉(蜀)'의 세 나라는 다양한 양상으로 패권을 다투었다. 때로는 연합하여 공동 전선을 펴기도 하고, 때로는 배반하기도 하고 적군이 되어 힘을 겨루며, 천하 통일을 꿈꿨다.

이때 유비(劉備)의 촉나라에 문무(文武)를 겸비한 '마량(馬良)'이라는 훌륭한 참모가 있었다. 그는 유비의 책사인 제갈공명(諸葛孔明)과 생사(生死)를 같이 할 정도의 문경지교(刎頸之交)를 맺은 친구였다. 어떤 때는 세 치의 혀 하나로 남쪽 변방의 흉악하고 포악한 오랑캐의 무리를 모두 부하로 만드는 데 성공했다. 그 정도로 덕성(德性)과 지모(智謀)가 뛰어난 인물이었다.

그 마량에게 다섯 명의 형제가 있었다. 형제들은 모두, 본래 이름 외에 따로 부르는 이름인 자(字)에 '상(常)'자가 붙어 있었다. 이 때문에 세상 사람들은 그들 형제를 가리켜 '마씨오상(馬氏五常)'이라 불렀다. 즉 '마씨(馬氏)' 가운데 '상(常)'자 이름이 들어가는 다섯 형제라는 의미다.

다섯 형제 가운데 맏이인 마량은 태어날 때부터 눈썹에 흰 털이 섞여 있었다. 그래서 그는 고향 사람들로부터 '흰 눈썹'이라는 의미의 '백미(白眉)'라는 별명을 얻었다. 그들 다섯 형제는 '읍참마속(泣斬馬謖)'으로도 유명한 '마속'을 포함하여 모두 재주가 비범했다. 그중에서도 마량이 가장 뛰어났다. 그래서 사람들은 마씨(馬氏)의 다섯 형제 가운데, '백미'인 마량이 가장 뛰어났다며 칭송해 마지않았다. 이때부터 '백미'라는 말은, 같은 부류의 여러 사람 가운데 가장 뛰어난 사람이나 물건을 가리키는 표현이 되었다.

백발백중(百發百中) - 겨누는 곳, 모두 맞히는 실력

문자

百 일백 백　發 쏠 발　中 가운데 중

독해

인간이 모든 일을 완벽하게 처리할 수 있을까? 쉽지 않은 문제다. 그에 관한 경계나 주의를 환기할 수 있는 역사 기록이 있다. 중국 주(周)나라 난왕(赧王) 때의 일이다. 합종연횡(合縱連橫)이라는 전략, 즉 종횡가(縱橫家)로 유명한 소진(蘇秦)에게 소려(蘇厲)라는 아우가 있었다.

사마천의 『사기』「주본기(周本紀)」에 소려와 난왕이 함께 고심하는 장면이 의미심장하게 다가온다.

> 진(秦)나라가 한(韓)나라와 위(魏)나라를 격파하고, 위나라 장수 사무(師武)를 죽이고, 북쪽 조나라의 인(藺)과 이석(離石)을 빼앗았다. 그것은 모두 진나라의 장군 백기(白起)의 공로이다. 백기 장군의 용병술이 탁월했고, 또 하늘의 도움이 있었기 때문이다. 그런 백기 장군이 지금 다시 군대를 이끌고 이궐(伊闕)의 요새를 나와 위(魏)나라의 수도인 양(梁) 땅을 공격하려고 하는데, 양이 무너지면 주나라가 위태롭게 된다!

이에 난왕은 사람을 보내, 다음과 같은 일화를 들려주며, 백기 장군에게 설득시켜 보려고 했다.

초(楚)나라에 양유기(養由基)라는 사람이 있는데, 활을 잘 쏘았다.

그는 100보나 떨어진 곳에서도 작은 버들잎을 쏘아 맞췄다. 한 발도 헛되지 않고 백발백중(百發百中)이었다. 때문에 주위에 있던 수천 명의 사람들이 모두 말했다.

"야! 정말, 활을 잘 쏜다!"

그런데 한 사나이가 그의 곁에 서서, 약간 격앙된 소리로 떠들어댔다.

"잘하네! 활을 가르쳐 줄 만한데!"

조금 비꼬는 것 같은 말을 듣자, 양유기는 화가 났다. 그리고는 활을 버리고 칼을 잡고서는, 그 사내를 향해 소리쳤다.

"당신이 무엇으로, 어떻게, 나에게 활을 가르칠 수 있단 말인가?"

그러자 그 사나이가 말했다.

> 내가 실제로 당신보다 활을 잘 쏘기 때문에 활쏘기 기술을 당신에게 가르쳐 주려고 한 것이 아니다! 100보 떨어진 곳에서 버들잎을 쏘아 백발백중(百發百中)했다 할지라도, '잘한다!'라는 말에 고무되어, 더욱 뽐내며 나서기보다 그렇게 말하기 전에 그만두어야 한다! 그렇지 않는다면, 다시 뽐내며 나대는 사이에 기력이 떨어진다. 팔의 힘이 지치면 활은 기울어지고 화살도 비뚤어지게 된다. 하나의 화살이라도 맞지 않으면, 지금까지 백발백중했던 명성이 아무것도 아닌, 헛된 일로 전락하고 만다!

양유기의 사례는 백기 장군을 두고 비유한 말이었다. 백기 장군이 그런 상황과 유사하게 들어맞는다는 의미다.

한(韓)나라와 위(魏)나라를 격파하고, 사무를 죽이고, 북쪽 조(趙)나라의 인과 이석을 뺏은 것은 큰 공훈이다. 그러나 지금 다시 군대를 이끌고, 이궐의 요새를 나와 한나라를 등지고, 위나라의 수도인 양 땅을 공격하려고 한다. 한 번에 뺏을 수 없다면, 지금까지의 공훈은 모두 헛된 일이 되어 버리고 말 것이다. 백기 장군! 그대는 병으로 힘들다고 핑계를 대고, 전쟁에 나가지 않는 것이 상책이다!

'백발백중(百發百中)'은 난왕이 백기 장군을 설득하기 위해, 양유기라는 사람의 사례를 든 것에서 유래한 말이다. 활을 쏠 때, 겨누는 곳마다 모두 맞히는 신궁(神弓) 수준의 실력을 일컫는다. 요즘은 '어떤 일이건 틀림없이 잘 들어맞을 때' 사용하는 표현이다.

백안시(白眼視) - 반갑지 않은 사람, 냉정한 눈길

문자

白 흰 백　眼 눈 안　視 볼 시

독해

대부분의 사람은 인생에서 수많은 사람을 마주한다. 하지만, 사람을 만날 때의 태도는 각양각색(各樣各色)이다. 어떤 사람은 상대를 아주 친절하고 살갑게 대하지만, 어떤 사람은 무관심하면서 거들떠보지 않는 경우도 있다. 왜 이런 걸까? 그것은 친소(親疏)와 이해관계에 따라 행동을 달리하기 때문이다.

『진서(晉書)』「완적전(阮籍傳)」에 재미있는 이야기가 전해 온다.

진나라 때, 죽림칠현(竹林七賢) 가운데 완적(阮籍)이라는 사람이 있었다. 그는 상당히 이름 있는 집안 출신이었다. 그런 만큼, 여러 가지 책을 널리 읽고, 노자와 장자의 사상을 좋아했다. 술을 잘 마셨을 뿐만 아니라 거문고를 기가 막히게 연주했다.

완적은 원래 사마씨(司馬氏) 밑에서 벼슬을 했다. 그런데 위(魏)나라 제왕방(齊王芳)의 가평(嘉平) 원년, 즉 249년에 사마중달(司馬仲達)이 반란을 일으켰다. 이에, 당시 위나라 황실에서 권세를 누리던 조상(曹爽) 일파가 모두 축출되었다. 그리고 사마씨가 나라의 실권을 차지했다.

이 사건이 완적의 인생을 완전히 바꾸어 놓았다. 이후, 완적은 죽림칠현의 한 사람으로서 노자와 장자의 사상에 심취하여 살았다. 죽림칠현으로서 그의 행동은 상당히 기이하게 변했다. 어머니의 장례식

때, 조문객들이 와도, 머리를 풀어헤치고 침상에 책상다리를 하고 앉아, 물끄러미 손님들을 응시하기만 했다. 조문객에 대한 예절인 곡(哭)도 하지 않았다. 그는 기뻐하거나 슬퍼하거나 화를 내거나, 일체의 감정을 얼굴에 나타내지 않았다. 대신, 까만 눈동자와 흰자위로 그것을 외면하였다. 통속적인 예절을 지키는 선비를 만나면, 흰 눈으로 흘겨보았다.

어느 날, 죽림칠현의 한 사람이었던 혜강(嵇康)의 동생 혜희(嵇喜)가 찾아왔다. 그러자, 흰 눈으로 흘겨보았다. 형의 친구를 찾아갔다가 속물 취급을 당한 혜희는, 섬찟하여 발길을 돌렸다. 혜강이 이 소식을 듣고, 술과 거문고를 들고 찾아가자, 완적은 크게 기뻐하며 검은 눈동자를 보이면서 환영했다. 하지만 완적이 흰 눈으로 흘겨보았던, 예절에 얽매인 선비들의 경우, 원수를 대하는 것처럼 완적을 미워했다.

여기에서 '눈의 흰 부분', 즉 '흰 눈'이 바로 '백안(白眼)'이다. 완적이 '세속의 선비들을 흰 눈으로 흘겨보는 것'을 '백안시(白眼視)'라고 한다. 완적의 이런 행동이 세상에 알려진 후, '사람을 싫어하여 흘겨보는 것', 또는 '냉정한 눈길로 바라보는 것'을 '백안시(白眼視)'라고 표현하게 되었다.

다시 정돈하면, 반갑지 않은 사람을 만날 때는 '백안(白眼)'으로 하고, 반가운 사람을 만날 때는 '청안(青眼)'으로 한다는 의미다.

복수불반분(覆水不返盆) - 일그러진 일, 회복하기 힘든 상황

문자

覆 뒤집힐 복　水 물 수　返 되돌릴 반　盆 동이 분

독해

인생은 오리무중(五里霧中)이다. 일상을 돌아보면, 늘 그러한 것처럼, 변하지 않는 삶으로 느껴진다. 그만큼 쉽게 삶을 알 수 있을 것 같지만, 때로는 한 치 앞을 내다보지 못할 때도 있다. 그런데 어찌 먼 미래의 일을 쉽게 내다볼 수 있겠는가?

『사기』「제태공세가(齊太公世家)」에 재미난 기록이 있다.

강태공(姜太公) 여상(呂尙)에 관한 이야기다. 강태공은 나이가 들어 늙을 때까지, 변변한 직업이나 수입도 없이 가난한 생활을 하고 있었다. 당시 여상에게는 마씨(馬氏)라는 아내가 있었다. 마씨는 학문에만 몰두하고, 어떤 일도 하지 않는 남편과 함께 살기가, 시간이 지날수록 힘들게 느껴졌다. 어느 정도 집안은 돌봐 주어야 하는데, 이게 뭔가! 그러던 어느 날 마씨 부인은 친정집으로 돌아가 버렸다. 요즘 말로 하면, 별거(別居) 또는 이혼(離婚)이었다.

하지만 여상은 이후에도 더욱 학문에 열중하며, 한편으로는 낚시질로 세월을 보내고 있었다. 그때 주나라 문왕이 사냥을 나갔다가 위수(渭水)의 북쪽 기슭에서 낚시질을 하고 있는 여상을 만났다. 둘은 조심스럽게 이야기를 나누었다. 왕은 여상의 높은 식견이 마음에 들었다. 그리고는 조용히 말했다.

나는 아버지 태공(太公)으로부터 다음과 같은 말을 들은 적이 있습니다.

"우리 주나라에 성인이 올 것이다. 주나라는 그 사람 덕분으로 크게 번창할 것이다!"

당신이야말로 바로 그 사람입니다. 나의 아버지 태공께서는 옛날부터 당신을 기다리고 있었습니다!

그리고서 왕은 여상을 자기의 수레에 태워 궁으로 돌아왔고, 자신을 보필할 스승으로 삼았다. 나중에 주나라가 세상을 통일하자, 여상은 강태공으로 불리며 제(齊)나라에 봉해졌다. 제나라의 시조가 된 것이다.

옛날의 아내 마씨도 이 소식을 듣고, 남편인 강태공을 찾아와 다시 함께 살자고 애원했다. 그러자 강태공은 마씨에게 물이 가득 담긴 동이를 가져오게 했다. 그리고 그 물을 마당에 붓고, 마씨에게 물을 동이에 다시 담아 보라고 말했다. 마씨는 필사적으로 물을 모으려고 했지만, 손에는 진흙밖에 만질 수가 없었다. 이를 보면서 강태공이 말했다.

"당신과 다시 살고 싶은 생각이 있어도, 한 번 엎질러진 물은 두 번 다시 되돌릴 수 없어요!"

복수불반분(覆水不返盆)!

이 짧은 다섯 글자에 인생과 삶의 자세가 담겨 있다. '엎질러진 물은 다시 그릇으로 되돌려 담아 놓지 못한다!' 한 번 헤어진 부부는 다시 돌이킬 수 없다! 엎질러진 물은 다시 담을 수 없다! 또는 일단 저질러 버린 일은 돌이킬 수 없다! 때문에 인생에서 어떤 상황이 발생했을 때, 인내와 용기, 판단과 결정이 얼마나 중요한 요소인지를 심사숙고(深思熟考)해야 한다.

불구대천지수(不俱戴天之讎) - 원수, 복수, 그리고 용서

문자

不 아니 불　俱 함께 구　戴 머리 위에 얹을 대　天 하늘 천

之 ~의 지　讎 원수 수

독해

세상에는 여러 부류의 인간이 함께 살고 있다. 어떤 사람은 친구가 되고, 어떤 사람은 원수처럼 살아가기도 한다. 자신의 이해관계에 따라 아군과 적군을 구별한다. 그렇다면, 원수나 적군은 정말 더불어 살 수 없는 존재일까?

『예기(禮記)』「곡례(曲禮)」에 다음과 같이 기록이 있다.

부지수(父之讎), 불여공대천(不與共戴天)!
형제지수(兄弟之讎), 불반병(不反兵)!
교유지수(交遊之讎), 부동국(不同國)!
부모의 원수와는 함께 하늘을 이고 살지 않는다!
형제자매의 원수와는 병장기를 돌이키지 않는다!
친구의 원수와는 한 나라에서 더불어 살지 않는다!

부모를 죽인 원수와는 함께 하늘을 이고 살지 않는다! 즉 부모의 원수는 자식으로서 죽더라도 기어이 갚고 말려는 의지가 서려 있다. 부모와 형제자매, 그리고 친구의 원수를 어떻게 대하느냐? 그것은 삶의 방식을 결정할 정도로 주요한 생활양식이다.

부모의 원수는 함께 하늘을 이고 살 수 없을 만큼 깊은 원수이다. 반드시 그 원수를 갚아야 하는, 타협이 허락되지 않는 적군이다. 형제자매의 원수도 그 원한의 깊이에서는 부모에 비해 떨어지지 않겠지만, 그만큼 병장기를 돌이키지 않을 정도로 적대감을 가질 수밖에 없다. 다시 말하면, 형제자매의 원수를 만나면, 집으로 무기를 가지러 갈 여유조차 없이 바로 처단하려는 것이다. 그렇지 않고, '두고 보자!'라는 식으로 대처하면, 상대방이 도망갈 틈을 주게 된다. 평소에 무기를 가지고 다니다가 원수를 만나면 바로 원수를 갚도록 하라는 뜻이다.

친구의 원수는 부모나 형제자매의 혈육을 나눈 관계에 비교하면, 원한이 훨씬 얕을 수 있다. 마음을 주고받던 가까운 친구 사이라면, 적어도 같은 마을이나 나라에 함께 살지는 않는다는 뜻이다. 원수를 죽일 것까지는 없겠지만, 같은 조정에서 벼슬을 한다거나 한 마을에서 상종할 수 없다! 상대방을 다른 나라로 쫓아내거나, 자기가 다른 나라로 떠날 수도 있다. 친구 사이의 정이 깊고 얕음에 따라, 친구의 원수를 대하는 방식은 여러 가지로 드러날 수 있다.

한 하늘 아래에서 살 수 없을 정도의 원수! '불구대천지수(不俱戴天之讎)'는 '불공대천지수(不共戴天之讎)'라고도 한다. 사안에 따라 달라질 수 있겠지만, 과거에는 부모나 형제자매, 친구의 목숨을 앗아간 인간들을 원수로 이해했다. 그 원수를 처리하는 방식은 대상에 따라 차별을 두었다. 당한 만큼 동일한 방식으로 처단을 하건, 용서를 하건, 원수는 갚아야 한다! 『주례(周禮)』에 보면, 고대 사회에는 복수해야 할 일에 대해, 당연히 복수한 사람의 경우, 따로 죄를 묻지 않았다고 한다. 무엇이 원수(怨讎)이고 무엇이 복수(復讎)일까? 시대가 변한 만큼 신중하게 고려할 일이다.

불초(不肖) - 어리석은 사람, 부족한 인간

문자

不 아니 불 肖 닮을 초

독해

각자 개성의 시대, 세상에, 서로 닮은 사람이 얼마나 될까? '닮는다!'라는 것은, 어떤 기준을 두고, 그 기준에 따라 모범으로 삼아, 그 모범을 삶의 지침으로 실천할 때, 우러나오는 생활양식이다. 인간 사이에 동질성(同質性)을 확보하는 작업과도 상통한다. 특히, 뛰어나고 훌륭한 사람, 즉 위인(偉人)이나 지도급 인사들의 행동을 본받으려고 할 때, 두드러지게 드러나는 현상이다.

그런데 그런 모범을 본받지 못하고, 부족한 인간으로 남아, 다른 사람들에게 배척받거나 무시당할 때, 간략하게 사용하는 말이 '불초(不肖)'이다. 자식이 부모에 대해, 제자가 스승에 대해, 그만큼 올바른 성취를 하지 못했을 때 썼던 말이다.

『맹자(孟子)』「만장(萬章)」에 다음과 같은 대화가 등장한다.

만장: 요(堯)임금이 세상의 권력을 순(舜)임금에게 넘겨주었다는 것이 사실입니까?
맹자: 아니다. 최고지도자인 천자(天子)는 세상의 권력을 다른 사람에게 넘겨주지 못한다!
만장: 그렇다면 순임금이 세상의 권력을 차지했는데, 그것은 누가 준 것입니까?

맹자: 하늘이 준 것이다.

만장: '하늘이 주었다.'라고 한다면, 하늘이 세상의 권력을 주라고 이런저런 명령을 한 것입니까?

맹자: 아니다. 하늘은 말을 하지 않는다. 행동과 일로 그 뜻을 보여 줄 뿐이다!

역사 기록으로 볼 때, 순(舜)임금은 임금을 대신하여 정치를 하는 섭정(攝政)을 통해, 28년 동안이나 요(堯)임금을 곁에서 도왔다. 그러나 그런 최고통치자의 정치 행위는 임금 개인이 시켜서 하는 일이 아니다. 사람이 하는 일이 아니라 하늘의 뜻에 따르는 것이다. 맹자의 말과 사상이 그러하다.

요임금이 죽고 삼년상(三年喪)을 치른 후, 순임금은 요임금의 아들인 단주(丹朱)를 피해, 남쪽 황하 지역으로 갔다. 요임금을 계승하여, 아들인 단주가 임금이 되기를 바랐기 때문이다. 그러나 사람들은 단주가 아버지 요임금을 닮지 않아, 현명하지 못하고 어리석은 '불초(不肖)' 아들로 단정했다. 이에 그를 따르지 않고, 순임금이 계속하여 다스려 주기를 바랐다. 소송을 할 때도 요임금의 아들에게 가서 해결하지 않고, 순임금에게 갔다.

요임금이 세상을 떠났을 때, 순이 바로 임금의 자리에 올랐다면, 어땠을까? 그것은 하늘이 준 것이 아니고, 정권을 찬탈(簒奪)한 것이 된다. 순이 고사하고 먼 곳으로 떠나가도, 백성들은 순을 따라 갔다. 이런 정치권력 이양을 하늘이 준 것이라 한다. 이런 점에서 민심(民心)이 천심(天心)이다. '불초'라는 말도 이 과정에서 만들어졌다.

붕정만리(鵬程萬里) - 상상 초월, 원대한 포부

문자

鵬 붕새 붕　程 법도 정　萬 일만 만　里 마을 리

독해

인간은 나름대로의 포부가 있다. 이쪽에서 저쪽으로, 또는 가까운 곳에서 먼 곳으로, 자신이 소망하는 목표를 향해 질주하려는 뜻을 품는다. 동양의 고전(古典) 가운데, 그런 꿈을 원대하게 제시하려는 저작 가운데 하나가 『장자(莊子)』다. 장자에는 비유(比喩), 풍자(諷刺)와 해학(諧謔) 등 허무맹랑한 이야기가 상당수 실려 있다. 어떤 때는 허풍이 너무나 센 것처럼 느껴져, 도무지 종잡을 수가 없기도 하다.

특히, 『장자』「소요유(逍遙游)」에는 인간의 자유의지(自由意志)를 표상하기라도 하듯이, 너무나 원대한 포부가 그려진다. 더 넓은 우주를 아무 거리낌 없이 훨훨 날아다니는 자유정신의 최고 경지를 보여준다. 이야기의 대강은 다음과 같다.

북쪽 바다에 곤(鯤)이라는 물고기가 살고 있다. 그 크기가 얼마나 큰지, 몇 천리나 되는지 알 수 없다. 그런데 이 물고기가 오래 살게 되면, 붕(鵬)이라는 새가 된다. 붕새의 등도 몇 천리가 되는지 알 수 없다. 이 새가 날개를 펴면 하늘을 덮고, 날개 짓을 하면 태풍이 분다. 붕새는 그 태풍을 타고, 9만 리를 올라 6개월 동안 날아, 남쪽의 어두운 바다인 남명(南溟)으로 날아간다.

곤이라는 물고기가 붕새가 되는 것도 그러하고, 날개 짓을 하면 태풍을 일으켜 6개월이나 날아간다는 등, 이야기 자체가 황당무계하기 그지없는 것처럼 보인다.

그러나 장자는 삶의 열정 속에서 희망한다. 속세의 상식을 초월한 존재! 즉 광대하기 그지없는 붕새를 끌어들여, 자신의 정신세계를, 아무 구속 없이 마음껏 자유롭게 노닐고 싶어 한다. 그것이 소요유(逍遙遊)다. 여기는 붕새는 장자 자신을 상징한다.

'붕(鵬)'은 상상을 초월할 정도로 거대한 존재라는 의미다. 이 상상의 날개를 단, 형이상학적 사유를 통해, '거대한 날개'를 뜻하는 '붕익(鵬翼)', '거대한 날개 짓'을 뜻하는 붕비(鵬飛), '원대한 계획을 크게 품은 것'을 뜻하는 붕도(鵬圖)와 같은 말을 창출해 냈다.

'붕정(鵬程)'은 붕새가 남쪽의 어두운 바다로 날아가는 길을 뜻한다. 즉 남명으로 가는 인생 역정(歷程), 삶의 여정을 일컫는다. 그것은 수만 리, 아니 수십만 리가 넘는다. 따라서 '붕정만리(鵬程萬里)'는 '인간의 원대한 포부나 꿈을 뜻하는 표현'으로 쓰이게 되었다. 커다란 붕새가 날아가려는 거리는 수만 리 저쪽에 있다! 그 웅대한 목표를 향해 아득히 먼 저곳으로 질주하라!

사면초가(四面楚歌) - 홀로 포위, 외롭고 곤란한 지경

문자

四 넉 사　面 걸 면　楚 초나라 초　歌 노래 가

독해

중국 역사에는 재미있는 장면이 너무나 많다. 특히, 최초의 통일 제국이었던 진(秦)나라를 무너뜨리는 과정에서, 항우(項羽)와 유방(劉邦)의 쟁패전(爭霸戰)은 드라마틱하다. 쟁패전의 막바지에 이르자 전쟁의 형세는 항우에게 불리하게 조성되어 있었다. 이에 유방은 강화(講和)를 받아들였고, 세상을 크게 두 영역으로 나누었다. 홍구(鴻溝)의 서쪽을 한(漢)나라로 하고, 동쪽을 초(楚)나라로 결정했다. 강화가 성립되자, 항우는 군대를 이끌고 동쪽으로 돌아갔다. 유방도 서쪽으로 돌아가려고 했다.

이때, 초나라 항우와 한나라 유방 사이에, 전쟁의 승패를 가르는 결정적 조언이 들어왔다. 장량(張良)과 진평(陳平)이 그 주인공이다. 두 사람은 유방에게 간곡하게 말했다.

> 지금이야말로 한나라와 초나라의 세력 싸움에서 볼 때, 그 우열이 분명합니다. 이 기회를 놓쳐서는 안 됩니다! 초나라를 끝장내야 합니다!

유방은 그 말을 듣고, 백마를 돌려 항우를 추격했다. 유방의 최정예 부대라고도 볼 수 있는 한신(韓信)과 팽월(彭越)이 각각 제(齊)나라와 양(梁)나라에서 달려왔다. 그 밖의 장군들도 제각기 군대를 이끌고 와, 해하(垓下)에서 만나 항우의 군대를 공격하기 시작했다.

항우의 군대는 해하에 성벽을 쌓고, 그곳에 들어 박혔다. 군사의 수는 줄었고 식량도 떨어져 가고 있었다. 형세 그대로, 고립 자체였다. 유방의 군대는 성벽을 겹겹이 포위했다. 밤이 되자, 사방에서 초나라 노래가 들려왔다. 한나라 유방의 군대가 초나라 병사들의 사기를 떨어뜨리기 위해, 일종의 심리전(心理戰)을 펼친 것이다.

사마천의 『사기』「항우본기」에는 다음과 같이 짧게 기록되어 있다.

야문한군사면개초가(夜聞漢軍四面皆楚歌)!

항우는 너무나 크게 놀라면서 말했다.

“한나라 군대가 이미 초나라 땅을 평정한 것인가? 어찌 초나라 사람이 이렇게 많단 말인가!”

항우의 마지막은 다음과 같이 묘사되고 있다.

> 밤이 되자, 항우는 스스로 앞에 나서 본진에서 결별의 주연을 베풀었다. 항우에게는 사랑하는 한 여인이 있었는데, 늘 항우의 총애를 받았다. 이름은 우미인(虞美人)이었다. 그리고 한 마리의 준마(駿馬)가 항우의 기동력을 책임졌는데, 항상 타고 달릴 준비가 되어 있었다. 그 이름은 추(騅)였다. 마지막을 예감이라도 한 듯, 항우는 비분감개(悲憤感慨)하여 시(詩) 한 수를 지었다.

역발산혜기개세(力拔山兮氣蓋世),
시불리혜추불서(時不利兮騅不逝)!
추불서혜가내하(騅不逝兮可奈何)?
우혜우혜내약하(虞兮虞兮 奈若何)!
나의 힘은 산을 뽑고, 기운은 세상을 덮었는데,
때는 나에게 불리하고, 추(騅)도 달리지 않는구나!
나의 뛰어난 말 추가 달리지 않으니, 어찌할 것인가?
우미인이여, 우미인이여, 그대를 어찌할꼬!

항우는 이 시를 몇 번이나 되풀이해서 읊었고, 우미인이 이에 화답했다. 항우의 뺨에는 몇 줄기의 눈물이 흘렀다. 주위에 있던 사람들도 모두 울었고, 감히 항우의 비장한 모습을 바라보지 못했다.

'사면초가(四面楚歌)'라는 말은 주변에는 적군이 들끓고, 항우만이 혼자 포위당하고 있음을 뜻한다. 여기에서 '사면초가'는 '그 누구에게도 도움을 받지 못하는, 외롭고 곤란한 지경에 빠진 형편'을 이르는 말로 쓰이게 되었다.

사이비(似而非) - 진짜처럼 보이는 가짜, 허위 포장

문자

似 갈을 사　而 어조사 이　非 아닐 비

독해

인간 사회에는 진짜와 가짜, 참과 거짓, 진실과 허위가 공존한다. 참을 실천하는 훌륭한 사람이 있는 반면 거짓을 일삼는 나쁜 무리들도 있다. 나쁜 무리들 가운데는 훌륭한 사람인 척하며, 자신의 본 모습을 감추고, 두 얼굴로 살아가는 존재들도 있다. 겉으로 보면 제법 비슷한 것 같지만, 속은 전혀 다르다. 진짜처럼 보이지만 실제로는 가짜인 존재도 많다. 이런 인간을 '사이비(似而非)'라고 한다.

『맹자』에 다음과 같은 장면이 기록되어 있다. 만장(萬章)이라는 제자가 어느 날 맹자에게 물었다.

> 한 마을에서 더불어 살아가는 사람들이 있습니다. 이들 모두가 어떤 사람을 두고 훌륭한 사람이라고 칭찬한다면, 칭찬받는 사람은 어디를 가든 훌륭한 사람으로 인정받을 것으로 생각됩니다. 그런데 공자께서는 어찌하여 그들을 가리켜, "향원(鄕原: 지방에서 칭송받는 토호 같은 사람)은 덕(德)을 해치는 도둑이다!"라고 말씀하셨을까요?

그러자 맹자가 이렇게 대답했다.

그들을 비난하려고 해도 특별히 들어서 비난할 것이 없고, 공격하려고 해도 특별히 공격할 구실이 없다. 그러나 그들은 세속에서 아첨하고 더러운 세상과 야합한다. 집안에 있을 때는 충실하고 신의가 있는 체하고, 밖에 나가 일을 할 때는 청렴결백한 척한다. 그래서 사람들이 모두 좋아하고 스스로 옳다고 생각한다. 하지만, 요임금이나 순임금이 실천했던 올바른 인간의 길을, 그런 향원의 무리와 함께 행할 수는 없다!

공자께서는 또 이런 말씀을 하셨다.

"나는, 비슷한 것 같은데 다른 행동을 하는 사람을 미워한다. 말만 잘하는 사람을 미워하는 것은 정의를 혼란시킬까 두렵기 때문이다. 정(鄭)나라 음악을 미워하는 것은 아악(雅樂)을 혼란스럽게 만들까 두렵기 때문이다. 향원을 미워하는 것은 그들이 덕을 어지럽힐까 두렵기 때문이다."

진실과 허위의 사이에서, 교묘하게 그것을 포장하여 세상을 혼란시키는 존재가 '사이비'다. '사이비'들은 아첨(阿諂)과 야합(野合)으로 세상을 혼란스럽게 만든다.

사자후(獅子吼) - 위엄 서린 설법과 열변

문자

獅 사자 사　子 아들 자　吼 큰소리로 외칠 후

독해

불교에서 부처의 위엄어린 설법(說法)을 흔히 '사자후(獅子吼)'라고 한다. 사자가 포효하여 온갖 짐승을 놀라게 하는 위력(威力)에 비유하여 쓰는 말이다.

『전등록(傳燈錄)』에 의하면, 석가모니는 태어나자마자 한 손으로는 하늘을 가리키고 한 손으로는 땅을 가리키며 일곱 걸음 걷다가 돌면서 사방을 바라보았다. 그리고 다음과 같이 외쳤다고 한다.

천상천하 유아독존(天上天下 唯我獨尊)!

문자 그대로 풀이하면, "우주 가운데 나 하나만이 존귀하다!"라고 말했다는 것이다. '나 하나'는 '인간'을 말하기도 하고, '모든 존재 자체' 하나하나를 뜻하기도 한다. 그만큼 석가모니는 자신의 깨달음과 해탈, 그리고 세상의 중생을 구원하겠다는 의지가 강렬했다.

그 선언이 '천상천하 유아독존!'이다. 이렇게 외친 석가모니의 말을 '사자후'라고 한다.

그 기록은 아주 간략하게 다음과 같이 기록되어 있다.

"도솔천 욕계육천(欲界六天)의 넷째 하늘이, 태어나서 손을 나누어 천지를 가리키며, 사자후의 소리를 들었다!"

『유마경(維摩經)』에도 유사한 기록이 있다. 석가모니의 설법은 당당하고 사자후와 같다. 천둥이 울려 퍼지는 것처럼 듣는 이의 가슴에 스며든다!

“설법하여 두려움 없음이 사자후와 같다. 그 강설하는 것이 우레가 진동함과 같다.”

이처럼 석가모니의 설법을 표현할 때 ‘사자후’라는 말을 사용한 후로부터 대중들에게도 그 의미가 응용되었다. 일반적으로 ‘열변을 토하는 것’을 사자후라고 부르게 되었다.

뿐만 아니라, ‘질투심이 강한 아내가 체면 불구하고, 남편에게 대들며 고함을 지르는 것’도 사자후라 하게 되었다. 중국 송(宋)나라 때의 지식인인 소동파(蘇東坡)가 친구인 오덕인(吳德仁)에게 보낸 시(詩) 가운데 그 근거가 보인다. 이들의 친구인 진계상(陳季常)에게 하동(河東) 유씨(柳氏)라는 아내가 있었다. 그 부인이 남편에게 고함지르는 소리를 표현하여 사자후라 하였다.

용구거사역가련(龍丘居士亦可憐)!
담공설유야불면(談空說有夜不眠),
홀문하동사자후(忽聞河東獅子吼).
주장낙수심망연(柱杖落水心茫然).
용구의 거사 또한 불쌍하도다!
공(空)이니 유(有)니 하며 밤을 지새우는데,
갑작스레 하동의 사자후 소리가 들려오네.
지팡이도 손에서 떨어지고 마음조차 멍해지누나!

용구의 거사는 진계상에 대해 말한다. 그는 열렬한 불교도였다. 이에 친구들과 더불어 밤을 지새우며, '공(空)이니 유(有)니'라고 떠들며 논쟁을 하고 있었다. 그의 아내 하동 유씨는 이를 못마땅히 여겨 큰소리로 남편에게 대들었다. 그러자 진계상은 간이 콩알만 해졌다. 친구와 논쟁하며 진리를 추구하던 일은 간 데 없고, 손에 들고 있던 지팡이도 놓쳐 버렸다. 그리고 그저 정신을 잃고 어리둥절한 지경에 이르렀다. 소동파의 노래는 바로 이런 상황을 탄식한 시(詩)다.

'사자후'는 원래 부처님의 위엄 서린 설법(說法)을 의미했다. 하지만, 시대가 변하면서, 열변을 토하거나 아내가 남편에게 대들며 욕설을 퍼부어 대는 말을 비유하는 뜻이 되었다.

새옹지마(塞翁之馬) – 재앙과 행복, 상황의 변화

문자

塞 변방 새　翁 늙은이 옹　之 ~의 지　馬 말 마

독해

인간의 일을 정확하게 예단(豫斷)한다고? 그것은 쉽지 않은 작업이다. 어쩌면 불가능할지도 모른다. 미리 판단한 사안이, 나중에 들어맞았다 할지라도, 그것은 미리 꿰뚫어 보고 알았기에 예측한 것으로만 볼 수는 없다. 그보다는 차라리 가정(假定)이나 추측(推測)을 통해 예상한 것이, 그렇게 생각한 것과 유사한 양상으로 합치되었을 뿐이다.

나의 미래에는 행복이 찾아올까? 재앙이 기다리고 있을까? 행복이 재앙으로, 또는 재앙이 행복으로 바뀌는 경우도 있고, 그저 평탄하고 무난하기만 한 인생도 있다.

『회남자(淮南子)』「인간훈(人間訓)」에 의미 있는 이야기가 실려 있다. 말[馬]에 얽힌 사연이다.

어느 나라의 국경에, 요새가 있는 곳 가까이에, 미래 인생에 대해 점(占)을 잘 치는 사람이 살고 있었다. 그런데 어느 날 그가 키우던 말이 아무 이유 없이 이웃 나라의 오랑캐 땅으로 도망쳤다. 당시에는 집안에서 키우던 말이 소중한 역할을 하던 시절이었기에, 이웃 사람들이 모두, "아이고, 이 일을 어쩌나요?"하며, 위로의 말을 건넸다.

이때, 그 사람이 말했다.

"이 일이 어찌 복이 되지 않겠는가?"

몇 달이 지나자, 재미있는 일이 벌어졌다. 도망쳤던 말이, 오랑캐 땅에 있던 준마(駿馬)를 몇 마리를 이끌고 돌아왔다. 이번에도 이웃 사람들이 모두, "야, 참 좋은 일이네요!"하며, 축하의 말을 건넸다.

이때, 또 그 사람이 말했다.

"이 일이 어찌 재앙이 되지 않겠는가?"

준마들 덕분에 집안에는 훌륭한 말들이 점점 늘어났다. 마침, 그 사람의 아들이 말타기를 좋아했다. 그런데 어느 날, 그 아들이 말에서 떨어져 다리뼈가 부러졌다. 이웃 사람들이 모두, "아이고, 저걸 어쩌지요?"하며, 위로의 말을 건넸다.

그러자 또 다시 그 사람이 말했다.

"이 일이 어찌 복이 되지 않겠는가?"

그 후, 1년이 지났다. 이웃 오랑캐들이 국경의 요새로 공격해 들어왔다. 당시, 그 지역에 살던 청년들은 대부분 군대에 동원되어 창과 칼, 그리고 활 등 각종 병장기를 들고 싸웠다. 하지만 전세가 너무나 불리했다. 요새 가까이에 사는 사람들 10명 가운데 9명은 죽었다. 그런데 그 점쟁이와 다리를 다친 그의 아들은 살아남았다. 아들이 다리뼈가 낫지 않아 군대에 동원되지 않았기 때문이었다.

이처럼, 인생은 알다가도 모를 일이다! 행복이 재앙이 되기도 하고, 재앙이 행복이 되기도 한다. 상황은 바뀌어 가는데, 그 끝은 알 수가 없다. 세상의 넓이와 깊이가 얼마나 넓고 깊은지 헤아리기 힘들다!

'새옹지마(塞翁之馬)'는 이 이야기에서 나왔다. 인생의 '길흉화복(吉凶禍福)'이란 일정한 것이 아니다. 불변이 아니나. 그렇다고 그 변화를 정확하게 예측할 수도 없다! 그러므로 재앙이 닥치더라도 슬퍼할 것이 아니고, 행복한 일이 생기더라도 기뻐할 것이 못 된다.

인간만사 새옹지마(人間萬事 塞翁之馬)!

이는 원나라의 승려였던 희회기(熙晦機)의 시에서 유래한 것이다.

인간만사새옹마(人間萬事塞翁馬),
추침헌중청우면(推枕軒中聽雨眠)
인간의 모든 일이 새옹의 말과 같으니,
추침헌 안에서 빗소리나 들으며 자려고 하네!

석권(席卷) - 공략과 성취, 세력 확장

문자

席 자리 석　卷 말 권

독해

사마천의 『사기』에는 제왕(帝王), 명재상(名宰相), 명장(名將), 간신(奸臣) 등, 천차만별의 다양한 이야기가 실려 있다. 그 가운데 유방과 항우가 다투는 모습에 명장면이 많다. 전쟁의 와중에 전세에 따라 인간 유형이 다양하게 드러난다. 유방의 한(漢)나라와 항우의 초(楚)나라가 천하의 패권을 다투고 있을 때, 두 장수에 관한 이야기가 있다. 한 사람은 위표이고 다른 한 사람은 팽월이다.

위(魏)나라를 평정한 위표는 항우로부터 위나라 왕에 봉해졌다. 그러나 유방이 한중(漢中)으로부터 동쪽으로 진군하며 황하를 건너오자, 유방에게 붙어 팽성에서 항우의 군사를 토벌하는 데 앞장섰다. 나중에 유방이 수세에 몰리다가 패하자, 유방을 배반하고 다시 항우에게 붙었다. 기회를 보아 여기 붙었다 저기 붙었다하는 위표의 간사스런 태도에 분개한 유방은 그를 잡아오게 했다. 결국, 한신에게 잡힌 위표는 유방의 명령에 따라 죽음을 당했다.

또, 그 무렵에 팽월이 있었다. 탁월한 전술을 구사하며 전투에 임했던 팽월은, 유방에게 붙어 게릴라전으로 항우의 초나라 군대를 괴롭히곤 했다. 그의 공적을 인정한 유방이 팽월을 양나라 왕으로 삼았다. 그러자 나중에 항우의 군사를 해하(垓下)에서 격파하는 데 혁혁한 무공을 세우기도 했다. 5년이 지난 후, 유방은 반란군 토벌을 위해 팽월에게 도움을 청했다. 하지만 팽월은 듣지 않았다. 이를 괘씸하게 여긴 유방은 팽월에게 반란의 흔적이 있다고 덮어씌우고 그를 잡아 죽였다.

어쩌면, 이 둘은 배신을 거듭하며, 호위호식을 누리던 장수이자 작은 나라의 왕이었다. 사마천은 두 사람에 대해 다음과 같이 평가했다.

> 위표와 팽월은 비천한 집안 출신으로 천리의 땅을 '석권(席卷)'했다. 그 명성이 날로 높아졌지만, 반란의 뜻을 품다가 결국 잡혀 죽음을 당했다. 두 사람은 지략이 뛰어났기에 자기의 몸만 무사하면, 나중에 다시 큰일을 할 수 있는 기회가 있다고 여겨, 포로가 되는 것도 마다하지 않았다.

위표와 팽월이 비록 천리의 땅을 석권했더라도, 천하를 석권한 유방의 비위를 건드리며 배신했기에, 목숨을 부지할 수 없었다. '석권(席卷)'은 '자리를 말아서 정돈하는 것처럼, 땅을 공략하여 쉽게 차지한다!'라는 의미다. 즉, 어떤 지역을 차지하여 세력을 넓히거나, 어떤 일을 성취하여 더욱 확장해 나가는 것을 말한다.

선입견(先入見) – 근거 없는 판단의 기준

문자

先 먼저 선　入 들 입　見 볼 견

독해

인간 사회, 또는 개인은 정도의 차이는 있겠지만, 다양한 병폐를 가지고 있다. 그 가운데 하나가, 애초부터 머릿속에 자리 잡고 있는 '고정관념(固定觀念: stereotype)'이다. 즉 미리 보거나 듣거나 한 것이 자신의 생각이나 판단의 기준이 되기 쉽다는 뜻이다. 그것은 흔히 '선입견'이라는 말로 대변된다.

전한(前漢)의 11대 황제 애제(哀帝)는 짧은 생을 마친 황제였다. 특히, 22세에 불과한 동현(董賢)을 대사마(大司馬)라는 큰 관직에 임명하는 등, 정치는 물론 인재 등용에 매우 서툴렀다. 20세에 즉위하여 정사를 외척(外戚)에게 맡겨 놓다시피 하고, 자신은 방종한 생활을 즐기다가 26세에 죽었다.

이때, 애제의 장인과 고향이 같은 친구로 식부궁(息夫躬)이란 사람이 있었다. 그는 춘추전국시대의 합종연횡으로 유명한 소진이나 장의와 같이, 이른바 상당히 유능한 유세객(遊說客)이었다. 어느 날 식부궁이 애제에게, "북방의 흉노가 곧 침략해 온다!"라고 충고하며, 국경지대에 군대를 집결시켜야 한다고 건의했다. 청산유수처럼 설명하는 그의 언변에, 애제도 그럴듯하게 여겨, 승상인 왕가(王嘉)를 불러 대책을 세우라고 했다.

그러나 왕가는 식부궁의 주장이 근거가 없다고 보고, 문제가 되는 부분을 조목조목 지적한 다음, 애제에게 다음과 같이 말했다.

> 폐하께서는 망령된 말이나 쓸데없는 변설에 귀를 기울이면 안 됩니다. 진(秦)나라의 목공은 훌륭한 신하인 백리해와 건숙의 말을 듣지 않고, 정(鄭)나라를 치려다가 낭패를 당했습니다. 그러나 목공은 나중에 자신의 행동을 뉘우치고, 교묘하게 꾸며 대는 말을 하는 유세객들을 뿌리치며, 경험 많은 원로의 말을 존중했습니다. 이 때문에 훌륭한 군주가 될 수 있었습니다. 폐하께서는 부디 옛날의 교훈을 명심하시고, 다시 생각하시기 바랍니다. 앞에서 식부궁에게 들은 말에 휘말리거나 얽매이지 마십시오!

물론, 왕가의 말은 당시에 바로 받아들여지지 않았다. 하지만 얼마 지나지 않아 식부궁은 황제를 우롱한 것으로 드러나 죽음을 당했다.

여기에서 왕가가 한 말,

> 무이선입지어위주(無以先入之語爲主)!
> 앞에서 들은 말에 휘말리거나 얽매이지 마십시오!

이 구절에서 '선입견'이란 말이 만들어졌다. "선입지어위주(先入之語爲主)"는, 처음에 '선입주(先入主)'로 줄여 쓰였다. 요즘은 '선입견(先入見)'으로 많이 쓴다.

선즉제인(先卽制人) - 선수, 결정적 승패 요인

문자

先 먼저 선　卽 곧 즉　制 만들 제　人 사람 인

독해

인간의 행동은 다양하게 펼쳐진다. 남보다 앞서서 서둘러 하는 경우도 있고, 남들에게 양보하며, 천천히 나중에 하는 경우도 있다. 어느 것이 '좋다 나쁘다'의 문제가 아니라, 인간의 성격에 따라, 처한 상황에 따라 다르게 행동하는 것이다.

사마천의 『사기(史記)』「항우본기(項羽本紀)」에 인간의 행동에 관한 극단적 처리 방식이 등장한다.

진시황이 죽고 무능한 2세가 천자로 들어앉자, 진승이 맨 먼저 진나라에 반기를 들고 일어났다. 그리고 뒤이어 각지에서 영웅호걸들이 앞다투어 반란을 일으켰다. 이때 항우의 작은 아버지인 항양(項梁)은 항우와 함께 회계(會稽)에 와 있었다. 회계태수로 있던 은통(殷通)이 항양을 보고 말했다.

> 강서(江西)가 온통 반기를 들고 일어섰습니다. 이런 사태를 보니, 아마 하늘이 진나라를 망하게 할 시기가 온 것 같습니다. 예전부터 들은 얘기가 있습니다.
> "선즉재인(先卽制人), 후즉위인소제後卽爲人所制)!
> 먼저 하면 곧 남을 누르고, 나중에 하면 남에게 눌리는 신세가 됩니다!"

나도 군사를 일으켜, 그대와 환초(桓楚)를 장군으로 삼을까 합니다.

이때 환초는 도망을 쳐서 다른 곳에 있었다. 항양은 다른 생각을 품고, 은통에게 말했다.

"환초가 숨어 있는 곳을 아는 사람은 항우밖에 없습니다."

이렇게 말하고, 밖으로 나가 항우에게 귓속말로 타일렀다. 그리고 칼을 준비하여 밖에서 기다리게 했다.

다시 들어온 항양은 태수와 마주 앉아 말했다.

"태수께서 명령하여 환초를 불러오도록 하시지요?"

태수가 말했다.

"그렇게 하시오!"

그러자 항양이 항우를 데리고 들어왔다. 잠시 후, 항양은 항우에게 눈짓을 하며 일렀다.

"그렇게 해라!"

순간, 항우는 칼을 빼들고 은통의 목을 쳤다. 이렇게 하여 항양은 자신이 회계태수가 되고, 항우를 선봉장으로 하여, 정병 8천을 뽑아 강을 건너 진나라로 향했다.

참으로, 인간 행동의 아이러니가 엿보인다.

선즉재인(先卽制人), 후즉위인소제(後卽爲人所制)!

'선수를 써야만 남을 누른다!'라고 가르쳐 준 것은 은통인데, 그 말을 실천한 것은 항양이 되고 말았다.

여기에서 '선즉제인(先卽制人)!-선수를 치면 남을 누르게 된다!'라는 말이 만들어졌다. 인간의 삶에서 전쟁이나 사업, 또는 다양한 형식의 경쟁이 있을 때, '선수를 쓰는 일'이 결정적인 승패로 작용할 수 있다는 의미다.

수어지교(水魚之交) - 친밀한 관계, 우정의 광장

문자

水 물 수　魚 고기 어　之 ~의 지　交 사귈 교

독해

물과 물고기! 이 둘은 떨어질 수 없다. 함께해야 만이 삶이 보장되고, 떨어지는 경우에는 바로 죽음을 몰고 온다. 이런 친밀한 인간관계가 『삼국지(三國志)』의 주인공인 유비(劉備)와 제갈공명(諸葛孔明)에게서 돋보인다. 그들의 이야기를 곱씹을수록 심금을 울린다.

촉한(蜀漢)의 군사를 이끌고 신야(新野)에 주둔한 유비는 삼고초려(三顧草廬)를 통해 제갈공명을 자신의 멘토로 모셨다. 당시, 위(魏)나라의 조조(曹操)는 강북 땅을 평정했고, 오(吳)나라의 손권(孫權)은 강동 땅에서 세력을 얻었다. 위나라와 오나라는 점점 자신의 근거지를 굳히고 있었다. 하지만, 유비는 아직도 근거할 만한 땅을 차지하지 못한 상황이었다. 물론, 유비에게는 관우(關羽)나 장비(張飛)와 같은 용장이 있었다. 그러나 천하의 계교(計巧)를 세울 만한 지략이 뛰어난 책사가 없었다.

이러한 시기에, 유비는 제갈공명을 얻었다. 그 기쁨은 말하기 힘들 정도였다.

제갈공명은 책사로서의 묘책을 거침없이 제안했다. 승리를 위해 취해야 할 방침을 제기했던 것이다. 제갈공명은 말했다.

형주(荊州)와 익주(益州)를 눌러서 그곳을 근거지로 합시다!
서쪽과 남쪽의 이민족을 어루만져, 나중에 다가올 수 있는 근심을 미리 끊어 냅시다!
내부를 안정시키는 정책으로 부국강병(富國強兵)의 실리를 올립시다!
오나라 손권과 결탁하여 위나라 조조를 고립시키고, 시기를 보아 조조를 토벌합시다!

유비는 이에 전적으로 찬성하며, 그것을 실현할 수 있도록 있는 힘을 다해 나갔다.

이런 정책을 제시하며, 자신의 참모 역할을 다하는 제갈공명에게 반한 유비는 그에게 절대적인 신뢰를 두었다. 그만큼 두 사람의 교분은 날로 친밀해졌다. 그러자 그동안 유비를 결사옹호하며 모셔 왔던 관우나 장비 등, 용맹한 장수들이 불만을 품었다. 새로 참여한 젊은 사람, 즉 제갈공명이 영 마음에 들지 않았다. 28세에 불과한 제갈공명만을 중요 인재로 여기고, 그간 고생을 거듭한 자신들은 가볍게 취급당하는 기분이 들었기 때문이다.

이런 사실을 눈치 챈 유비는, 관우와 장비 등을 위로하며, 다음과 같이 말했다.

내가 제갈공명을 얻은 것은 물고기가 물을 얻은 것과 같다!
즉 나와 제갈공명은 물고기와 물과 같은 사이다.
아무 말도 하지 말고, 지켜보면서 묵묵히 따라주면 고맙겠다!

이렇게 위로와 격려의 말을 건네자, 관우와 장비 등, 여러 장수들이 더 이상 불만을 표시하지 않게 되었다.

고지유공명(孤之有孔明), 유어지수야(猶魚之有水也)!
고(孤: 유비)에게 제갈공명이 있는 것은 물고기에게 물이 있는 것과 같다!

이 이야기는 『삼국지(三國志)』「촉지(蜀志)」에 실려 있다. '수어지교(水魚之交)'는 바로 여기에서 유래한 말이다. 물고기는 물과 떨어질 수 없다! 이는 원래 임금과 신하 사이의 친밀한 관계를 비유한 표현이었다. 요즘은 친한 친구 사이에, 일반적인 우정(友情)을 나타내는 친교의 의미로 사용되곤 한다.

수즉다욕(壽則多辱) - 장수하는 행복, 치욕의 경계

문자

壽 오래 살 수　則 곧 즉　多 많을 다　辱 욕될 욕

독해

특별한 경우를 제외하고, 대부분의 인간은 오래 살기를 희망한다. 그래서 옛날부터 오래 사는 일을 오복(五福) 가운데 첫째로 꼽기도 했다. 오복은 '수(壽), 부(富), 강녕(康寧), 유호덕(攸好德), 고종명(考終命)'이다. 수(壽)는 '오래 사는 것', 부(富)는 '부유하게 사는 것', 강녕(康寧)은 '건강하게 사는 것', 유호덕(攸好德)은 '도덕성을 갖추고 베푸는 것', 고종명(考終命)은 '깨끗하게 세상을 떠나는 것'을 의미한다.

평균수명이 늘어나고 노령인구의 비율이 증가한 현대사회는 장수(長壽)가 일상처럼 되었다. 이때의 수(壽)와 조금 다른 의미가 될 수도 있겠지만, '오래 사는 일'은 전통적으로 아주 특별한 의미가 부여되어 있다. 그렇다고 오래 사는 일이, 인생에서 무조건 행복한 것일까?

『장자(莊子)』「천지(天地)」에 다음과 같은 우화(寓話)가 등장한다.

옛날에 최고의 성인(聖人)으로 이름이 높은 요(堯)임금이 순행(巡幸)중에 화(華)라는 변경에 이르렀다. 그곳의 관원이 공손히 맞으며 이렇게 말했다.
"장수(長壽)하시옵소서!"
그러자 요임금이 빙그레 웃으며 대답했다.
"나는 장수하기를 원하지 않네."

관원이 다시 말했다.

"그러시면 부자(富者)가 되시옵소서!"

요임금이 대답했다.

"부자가 되고 싶은 생각도 없네."

관원이 또 다시 말했다.

"그러시면 많은 자식을 두어 행복하게 사시옵소서!"

요임금이 대답했다.

"나는 그것도 원하지 않네. 자식을 많이 두면 반드시 못난 자식도 있을 것이니 걱정의 씨앗이 되고, 부자가 되면 쓸데없는 일이 많아져 번거롭게 되고, 오래 살면 욕먹을 일이 많아져 부끄럽게 되는 법일세. 허허!"

이 말을 들은 관원은 실망 가득한 얼굴로 허공을 바라보며 중얼대듯 말했다.

"우리 요임금은 성인이라고 들어왔는데, 이제 보니 그냥 일반 지도자나 다름없네. 아들이 많으면 각기 분수에 맞는 일을 맡기면 걱정할 필요가 없고, 재물이 늘어나면 그만큼 남에게 나누어 주면 될 것인데. 그 참! 진정한 성인이란, 메추라기처럼 거처를 가리지 않고, 병아리처럼 아무 생각 없이 잘 먹으며, 새가 날아간 흔적 없는 자리처럼 자유자재(自由自在)해야지. 그리고 세상이 정상적으로 건전한 사회라면 세상 사람들과 더불어 그 번영을 누리고, 정상적으로 돌아가지 않는 혼탁한 사회라면 스스로 덕을 닦고 은둔하면 되지 않는가! 그렇게 한 100년쯤 장수하다가 세상이 싫어지면, 그때 신선이 되어 흰 구름을 타고 옥황상제(玉皇上帝)가 계시는 곳에서 놀면 나쁠 것도 없는데. 그 참!"

관원은 말을 마치자말자 그 자리를 떠나 버렸다. 아차! 요임금은 한방 먹은 기분이었다. 이에 조금 더 관원의 이야기를 들어 보려 했다. 그러나 그가 어디로 사라졌는지 찾을 길이 없었다.

수즉다욕(壽卽多辱)! '오래 살면 욕먹을 일이나 치욕스런 일을 겪을 확률이 많다!'라는 말은, 요임금이 순찰을 하며 만난 관원과 문답하는 가운데 등장하는 용어이다. 정말, 오래 살수록 욕 얻어먹는 일을 많이 겪게 될까?

승당입실(升堂入室) – 높은 수준, 깊은 경지

문자

升 오를 승　堂 대청 당　入 들 입　室 방 실

독해

인간의 속성 가운데 하나가 높은 수준이나 경지를 지향하는 일이다. 그것은 과거보다 나은 현재, 현재보다 좋은 미래를 꿈꾸며, 자신의 인생 가치를 높이려는 작업이다.

『논어(論語)』「선진(先進)」에 다음과 같은 장면이 등장한다.

공자(孔子)의 핵심 제자인 자로(子路)와 관련된 이야기이다. 자로는 공자보다 9세 정도 아래였지만, 공자의 오른팔과 같은 역할을 하며 누구보다 공자를 잘 모셨다. 그는 용맹(勇猛)하고 과감(果敢)한 성격의 소유자였다. 하루는 자로가 비파를 켜며 흥얼거리고 있었다. 자로가 연주하는 비파 소리는 그의 성격만큼이나 호쾌하고 웅장했다. 그때 마침, 공자가 이 소리를 듣고는 불만스러운 듯이 자로에게 말했다.

"자로야! 그런 연주 솜씨로 내 제자라고 할 수 있겠나!"

자로의 연주는 공자가 생각하는 '인(仁)'의 부드럽고 사랑스러움을 자아내지도 못했고, '중용(中庸)'의 조화나 균형미를 갖춘 음색과는 약간의 거리가 있는, 상당히 거친 소리를 내며 주변에 울려 퍼졌다.

공자가 자로를 나무라는 소리를 들은 여러 제자들은, 이후로 자로를 존경하는 마음이 조금씩 줄어들기 시작했다. 그때까지만 해도, 공자를 가장 가까이에서 모시며, 누구보다도 용맹했던 그의 인간적 특성마저도, 동료 문하생들에게 무시당하는 처지에 놓이게 되었다.

하지만, 공자의 태도는 달랐다. 자로가 연주하는 비파소리가 만족스러운 것은 아니지만, 공자는 자로를 무시하려는 제자들을 나무라며, 자로를 변호했다.

> 이 못난 녀석들! 자로의 솜씨는 이미 대청에 올라가 있어! 아직 방에 들어가 있지 않았을 뿐이야!
> 그러니까 전혀 연주를 못한다는 식으로 무시하거나 잘못 생각해서는 결코 안 되는 거야!

자로를 경멸하는 시선으로 보았던 제자들은 공자에게 혼이 난 셈이다. 이후 이들은 자신의 경솔한 행동을 반성하고, 자로에 대한 태도를 고쳐, 다시 그를 존경했다.

이때 '당(堂: 대청)'에 올라 있는 수준이 '승당(升堂)'이고, '실(室: 방)'에 들어가는 경지가 '입실(入室)'이다. 즉 학문이나 예술이 점차 높은 수준으로 나아가 깊은 경지에 이르는 것을 '승당입실(升堂入室)'이라 한다.

식언(食言) - 약속 번복, 거짓 불신

문자

食 먹을 식 言 말씀 언

독해

'식언(食言)'은, 문자 그대로 말하면, '말을 먹는다!'이다. 음식도 아닌데, 말을 먹다니! 말이 좀 안 되는 표현 같기도 하다. 이는 일반적으로 '말을 삼킨다!'라는 뜻으로, 약속을 번복(飜覆)하거나 지키지 않고, 거짓말을 일삼을 때 사용하는 언표다.

중국 고대 하(夏)나라의 마지막 왕인 걸(桀)은 은나라의 마지막 왕인 주(紂)와 더불어 중국 역사에서 폭군(暴君)의 상징이다. 하나라 걸은 애첩(愛妾)이던 말희(抹姬)에게 홀딱 빠져, 못된 짓을 골라 가며 할 정도였다. 무엇보다도, 포악(暴惡)한 행동을 일삼아 무고한 충신과 백성을 잡아다 죽였다. 그러자 민심은 이반(離叛)되었고, 백성의 삶은 도탄(塗炭)에 빠지고 말았다.

이때 동쪽 지역의 지도자였던 탕(湯)임금이 혁명을 일으켰다. 걸왕을 치기 위해 일어났던 것이다. 탕 임금은 걸 왕과는 달리 덕을 쌓아, 그 지역의 사람들로부터 두터운 신임을 얻고 있었다. 걸 왕을 몰아내기에 앞서, 탕 임금은 병사들을 모아 놓고 혁명의 이유를 설명했다. 일종의 '출사표(出師表)'를 던졌다. 『서경(書經)』「탕서(湯誓)」에 다음과 같은 기록이 등장한다.

나는 결코 나 개인의 야망을 위해 군사를 일으킨 것이 아니다! 고통 받고 있는 백성을 구제하기 위해 일어났다. 하늘을 대신하여 부도덕한 자를 징계하기 위해서다.
이번에 공(功)을 세운 사람에게는 반드시 큰 상(賞)을 내릴 것이다. 여러분은 내 말을 의심하지 말라!
나는, 내가 한 말을, 다시 삼키지는 않는다!
마찬가지로, 여러분 가운데 내 명령을 거역하는 자는 삼족(三族)을 멸하리라!

이런 명령과 다짐이 끝나자, 탕 임금의 군대는 거침없이 물리치며 쳐들어가 명조(鳴條)라는 곳에서 걸 왕의 군대와 격돌했다. 사기충천했던 탕 임금의 군사들이 걸 왕을 사로잡았다. 이리하여 470여 년에 걸쳤던 하나라는 멸망하고, 은(殷)나라가 건국되었다.

'식언(食言)!' 즉 '말을 삼키다.'라는 언표는 바로 탕 임금이 걸을 치기 위한 출사표에서 던진 말이다. 탕 임금은 출사표에서 맹세했다.

짐불식언(朕不食言)!
나는 말을 삼키지 않는다!

그렇게 혁명을 일으키며 병사들과의 약속을 지켰다. 식언(食言)을 하지 않았다. 그러기에 식언(食言)은, 먼저 한 약속을 번복하거나 지키지 않고, 거짓말을 하는 경우에 쓰는 말이 되었다.

식자우환(識字憂患) - 설치고 나대는 행동, 비웃음

문자

識 알 식　字 글자 자　憂 근심할 우　患 걱정할 환

독해

상당수의 인간은 다음과 같이 믿는다.

'교육을 받은 인간일수록 교양이 넘쳐흐른다! 교육이 인간의 품격을 높여줄 수 있다! 부와 지위도 확보해 준다!'

때문에 대부분의 인간은 많이 배우려는 욕망에 허덕이며, 치열한 경쟁에 뛰어든다. 그런데 정말 그런가? 교육을 받기만 하면, 많이 받으면 받을수록, 위의 믿음이 보장되는가?

위(魏)·촉(蜀)·오(吳), 또는 조조·유비·손권, 제갈공명 등으로 널리 알려져 있는 『삼국지』에 의미 있는 대목이 등장한다. 한때, 유비(劉備)의 책사였던 서서(徐庶)라는 인물이 있었다. 나중에 조조가 그의 모친을 인질로 삼자, 조조에게 투항하여, 조조 휘하에서 우중랑장(右中郞將) 벼슬을 지냈다.

유비가 제갈량을 만나기 이전, 서서는 유비의 책사 노릇을 하며, 다양한 전략으로 조조를 괴롭혔다. 조조 입장에서는 서서가 눈에 가시처럼 여겨졌다. 조조는 서서가 효자라는 것을 알고, 그의 어머니를 이용하여 서서를 회유하여 자기편으로 끌어들이려 했다. 그러나 서서의 어머니인 위부인(衛夫人)은 학식이 높고 명필인데다 의리가 확고한 여장부(女丈夫)였다. 이 때문에 조조가 서서를 자신의 편으로 만들기는 쉽지 않았다. 서서의 어머니는 오히려 서서에게 당부하며 격려의 편지를 보냈다.

“더욱 확고하게 의리를 지키며 유비를 섬기라!”

이를 파악한 조조도 계책을 꾸몄다. 중간에 사람을 개입시켜, 교묘한 수법으로 위부인의 편지를 가로챘다. 그런 다음, 그 글씨를 모방하여, 위조한 어머니의 편지를 서서에게 전했다. 어머니의 편지를 받고 집에 돌아온 아들을 보자, 위부인은 영문도 모른 채 어리둥절했다. 아들의 이야기를 듣고서야, 위조 편지라는 것을 알아챘다.

위부인이 말했다.

여자(女子), 식자우환(識字憂患)!
여자가 글자를 안다는 것 자체가 걱정을 낳게 한 근본 원인이다!

그리고 ‘자식의 앞길을 망칠 수도 있다!’라는 생각에, 스스로를 나무라는 이 한 마디로 자신의 의지를 꺾고 말았다.

이때부터, 여성을 차별 대우하던 옛날에는, 위부인이 한 발인 ‘여사 식자우환’이란 표현을 ‘여자가 설쳐 대는 것을 비웃는 말’로 자주 인용했다. 하지만, 어찌 그것이 여자의 경우에만 해당되겠는가! 역사에서 발생한 수많은 ‘필화(筆禍) 사건’이 모두 ‘식자우환’에 해당되지 않겠는가!

당송팔대가(唐宋八大家)의 한 사람이자 북송 때의 시인으로 너무나 유명한 소동파(蘇東坡)의 시에도 이 말이 등장한다. 「석창서취묵당시(石蒼舒醉墨堂詩)」에 다음과 같은 구절이 있다.

인생식자우환시(人生識字憂患始),
성명조기가이휴(姓名粗記可以休)!
인생은 글자를 알 때부터 우환의 시작,
성명만 대충 쓸 줄 알면 그만둘 일!

다시 생각해 보면, 글자뿐만이 아니다. 인간이 만들어 낸 모든 문명이 우환(憂患)을 담고 있는 것 같다.

어떤 부분을 잘하는 사람은 그 영역에 매몰되기 쉽다. 글을 아는 만큼 걱정이 많아지는 걸까? 아니면, 무언가를 안다고 했으나 실제로는 서툰 지식으로 인해, 오히려 근심을 사게 되는 건가? 지식을 많이 안다는 자체가 정말 우환일까? 아니면, 그 지식으로 말미암아 벌어지는 행동 때문에 근심 걱정이 쌓이는 걸까?

실사구시(實事求是) - 사실 토대, 진리 탐구

문자

實 열매 실　事 일 사　求 구할 구　是 옳을 시

독해

조선 후기의 학문을 흔히 '실학(實學)'이라고 하는 경우가 많다. 조선 전기와 중기의 성리학(性理學)에 대비하여 그런 표현을 쓰는 것 같다. 특히, 추사 김정희의 금석문(金石文) 연구를 '실사구시(實事求是)'라고 평가하기도 하고, 일반인들이 실제적으로 어떤 일을 도모하고 구현할 때도 '실사구시'라는 표현을 자주 쓴다.

그렇다면, 이 말은 어디에 근거하고 있을까? 그것은 『한서(漢書)』의 「하간헌왕덕전(河間獻王德傳)」에 실려 있다.

> 수학호고(修學好古), 실사구시(實事求是)!
> 학문을 닦아 옛 것을 좋아하고, 일을 알차게 하여 옳은 것을 찾는다!

이 표현은 청나라에 들어서서 삶과 학문의 주요한 양식으로 부활되었다. 청나라 초기에 고증학(考證學)을 표방하던 학자를 비롯하여, 중기의 대학자 대진(戴震)에 이르러 구체적으로 드러났다.

대진은 다음과 같이 말했다.

> 학자는 다른 사람의 학설로 자신을 가려서는 안 된다.
> 동시에 나의 이론으로 다른 사람을 가리지 말아야 한다!

대진에게서 큰 영향을 받은 능정감(凌廷堪)도 이와 비슷한 의미를 설파했다.

> 진실한 사안을 앞에 두고,
> 내가 옳다고 말하는 것에 대해, 다른 사람이 억지로 그르다고 말할 수는 없다.
> 내가 옳지 않다고 말하는 것에 대해, 다른 사람이 억지로 옳다고 말할 수도 없다!

대진과 능정감이 강조한 것은 과학적인 학문 태도다. 이론보다는 사실을 중시하고, 일상생활과 거리가 먼 공리공담(空理空談)을 벗어나, 실생활을 유익하게 만드는 실제적 학문을 추구한 것이다.

이러한 학문 자세는 서구 열강이 동양으로 진출하면서, 더욱 강력한 삶의 양식으로 표출되었다. 19세기 초, 청나라 말기에서 중화민국 초기에 걸쳐, 계몽사상가로서 활약한 양계초(梁啓超)는 능정감이 대진을 위해 지은 「사략장(事略狀)」을 성찰하며, 실사구시(實事求是)의 정신을 다시 드러낸다.

> 옛날 하간(河間)의 헌왕(獻王)은 실제적인 일에서 옳음을 구하였다.
> '실제적인 일'을 눈앞에 두고서, 내가 옳다고 하는 것도 사람들은 억지로 이를 옳다고 말하지 못하고, 내가 그르다고 하는

> 것도 억지로 이를 그르다고 말하지 못한다! 이 도대체 무엇이란 말인가!

이처럼 '실사구시(實事求是)'는 사실과 실제를 토대로, 진리를 탐구하는 작업을 말한다. 실제 있는 그대로의 사실을 정확하게 고증(考證)하여, 올바름이 무엇인지를 구하는 과학적이며 객관적인 학문 태도이자 삶의 자세다.

아수라장(阿修羅場) - 피비린내 싸움터, 전쟁의 참상

문자

阿 언덕 아　修 닦을 수　羅 비단 라　場 마당 장

독해

어쩌면 세상은 일종의 '전쟁터'와 유사하다. 한자로 말하면 '전장(戰場)'이다. 인간의 삶에 지나친 경쟁이 발생할 때, 그 처절한 투쟁은 형용하기 힘들 정도로, 삶을 고통의 운동장으로 만들기도 한다. 불교(佛敎) 용어에 '피비린내 나는 싸움터!'를 의미하는 네 글자가 있다. 다름 아닌 '아수라장(阿修羅場)'이다.

'아수라(阿修羅)'는 산스크리트어(Sanskrit: 梵語)인 '아수라(asura)'를 발음대로 번역한 말이다. 간략하게 줄여서 '수라(修羅)'라고 한다. 때로는 '아소라(阿素羅)' 또는 '아수륜(阿須倫)'이라고도 한다. 기본적으로 '추악하다.'라는 뜻을 내포하고 있는 '악(惡)'의 상징이다.

이 아수라는 수미산(須彌山) 아래에 있는 거대한 바다 밑에 사는데, 수억만 리나 될 만큼 크고, 수백억 년이나 사는 귀신 같은 존재다. 그 모습도 너무나 흉측하다. 얼굴이 셋이고 팔이 여섯 개다. 아수라는 본래 착한 신(神)이었는데, 하늘과 싸우면서 나쁜 신(神)으로 변했다. 싸우기를 좋아하므로 '전쟁의 신'으로 불리기도 한다.

어느 정도 호전성(好戰性)을 가지고 있었는지, 인도의 서사시 「마하바라타」에 보면 상당 부분 감지할 수 있다. 거기에는 아수라들이 비슈누(Viṣṇu) 신의 원반(原盤)에 맞아 엄청나게 많은 피를 흘렸는데, 또 다시 칼과 곤봉, 그리고 창으로 공격을 당해, 피에 물든 아수라들의 시체가 산처럼 겹겹이 쌓여 있는 모습이 그려져 있다. 여기에서 유래하여 '피비린내 나는 전쟁터'나 '처참한 광경'을 아수라장(阿修羅場)이라고 한다.

아수라는 정의의 상징인 하늘과 싸운다. 이때 하늘이 이기면 풍요와 평화가 오고, 아수라가 이기면 빈곤과 재앙이 닥친다. 이 승패를 갈라놓은 것은 인간이다.

인간이 선한 행위를 하여 이 세상에 정의가 제대로 행해지면, 하늘의 힘이 강해져 아수라를 이기게 된다. 하지만 그와 반대로 악한 행위를 하여 이 세상에 부정이 가득해지면, 아수라의 힘이 강해져 하늘이 지게 된다. 이런 아수라를 물리치는 일은 결국 인간의 노력에 달려 있다.

인간이 선한 행위를 통해 정의로운 사회를 이룰 때, 악의 상징인 아수라는 존재 기반을 상실한다. 선한 행위의 권장과 실천이 전쟁터 같은 사회, 즉 아수라장을 없애는 지름길이다.

안도(安堵) - 담장 울타리, 안정과 평안

문자

安 편안할 안　堵 담장 도

독해

인간이 마음 놓고 편안히 지냈던 시절이 있었을까? 어찌 보면 인간이 사는 세상은 안정보다는 혼란의 연속이다. 태평하기보다는 난리가 횡행했을 수도 있다. 욕망이 거세지는 만큼, 대립과 갈등, 그리고 투쟁이 쌓여, 마음이 조마조마한 역경(逆境)을 헤치는 과정인지도 모른다. 언제쯤 '안도(安堵)'의 한숨을 쉴 수 있을까? 역사에서 볼 때, '안도'라는 개념이 성립하기까지 재미있는 사연이 있었다.

사마천의 『사기』「전단열전(田單列傳)」에 의미 있는 기록이 있다.

중국 고대의 전국시대(戰國時代) 후기, 기원전 284년에 연(燕)나라 때의 일이다. 연나라 소왕(昭王) 시절에 '악의(樂毅)'라는 뛰어난 재상이 있었다. 그는 이른바 전국칠웅(戰國七雄) 가운데 여섯 나라인 '진(秦)·초(楚)·연(燕)·한(韓)·조(趙)·위(魏)'의 연합군을 이끌고, 제(齊)나라를 공격했다. 그 결과 5년 동안, 제나라의 70개 이상의 성을 쳐서 항복을 받아 내고, 제나라의 민왕(湣王)을 망명시켰다. 그러나 제나라의 '즉묵(卽墨)'과 '거(莒)' 땅에 자리하고 있던 두 성만은 항복하지 않았다.

즉묵의 성을 지키던 '전단(田單)'도 만만치 않은 인물이었다. 그는 연나라의 소왕이 죽고 혜왕(惠王)이 즉위하자, 연나라에 간첩을 내보냈다. 그리고는 혜왕과 악의를 이간시키는 데 성공한다. 나아가 연나라 군대에 거짓 정보를 유포시키며, 제나라 군대의 사기를 높였다. 즉

묵 자신도 스스로 병사들의 일을 분담하고, 자기의 아내들까지도 군대에 봉사하도록 하여 음식물을 만들어 부하들을 대접했다. 그뿐만이 아니다. 무장 병력을 매복시켜 놓고, 노인과 어린이와 여자들을 성벽으로 올라가게 한 후, 사자를 보내어 연나라에 항복한다는 계략을 꾸몄다. 또한 성안에 있는 백성에게서 재물을 거두어 연나라 장군들에게 보내면서 말했다.

> 즉묵즉항(卽墨卽降), 원무노략오족가처첩(願無虜掠吾族家妻妾), 령안도(令安堵)!
> 즉묵성이 함락되어 항복한다면, 우리 집안과 아내들에게 손대지 않고, 안심하게 살 수 있도록 해 달라!

이런 말을 들은 연나라 군대는 더욱 마음을 놓고, 술과 고기로 흥청거리며 긴장을 풀고 있었다. 하지만 전단은 그 유명한 '화우지계(火牛之計)'를 써서 단숨에 쾌승을 거두고, 제나라의 여러 성을 모두 회복하였다. '화우지계'는 한밤중에 여러 마리의 소를 동원하여, 소의 뿔과 옆구리에 칼을 매달고, 꼬리에는 기름 뭉치나 갈대 다발을 매단 다음, 거기에 불을 놓아 적진(敵陣)을 향해 달리게 하는 전법이다. 이후, 전단은, '거(莒)' 성에 있던, 초나라 군대에게 죽임을 당한 민왕의 아들 양왕(襄王)을, 제나라의 도읍인 임치(臨淄)로 맞이했다.

'안도(安堵)'는 위에서 언급한 것처럼 '안심하게 살 수 있다'는 의미다. '안도(安堵)'에서 '도(堵)'는 '담장'이라는 뜻으로, 사람들이 담장 안, 즉 성 안에서 편안히 살 수 있다는 말이다. 이것이 '근심이 없다', '편안하게 안정시키다' 등과 같은 말로 전이되었다.

중국 대륙과 대립하고 있는 대만(臺灣)의 금문도(金門島)에 가면, 의미 있는 비석이 하나 있다. 거기에는 대만의 총통이었던 장개석(蔣介石)이 쓴 글씨가 선명하게 새겨져 있다.

무망재거(毋忘在莒)!
거(莒) 땅에서 있었던 일을 잊지 말라!

이 비석의 글귀는, 바로 이런 고사에 의탁하여, 자신의 정치적 의지를 반영해 놓은 것이라고 한다.

암중모색(暗中摸索) - 글 속에서 찾아 나가는 인생

문자

暗 어두울 암　中 가운데 중　摸 더듬을 모　索 찾을 색

독해

인간 세상은 어두운 곳일까? 밝은 곳일까? 낙관적인 사람은 밝은 곳이자 살 만한 세상이라고 단정할 것이고, 비관적인 사람은 어두운 곳이자 살기 힘든 세상이라고 진단할 것이다. 무엇이 맞을까? 중간 지대를 논의하는 사람은 치란(治亂)을 거론하며, 때로는 밝고 때로는 어둡고, 밝은 곳도 있고 어두운 곳도 있다며, 모호한 시선을 던질 것이다.

『수당가화(隋唐佳話)』에 재미난 이야기가 전해 온다.

측천무후(則天武后)는 중국 역사에서 유일한 여자 황제로 한 시대를 풍미했던 걸출한 인물이었다. 측천무후 시대에 허경종(許敬宗)이란 학자가 있었다. 그는 탁월한 문장을 자랑하던 대가였다. 집안 대대로 남조(南朝)에서 벼슬살이를 했고, 행동이 경망한 데다, 방금 만났던 사람조차 기억하지 못할 적도로 건망증(健忘症)이 심했다. 어느 날, 한 친구가 허경종의 건망증을 비웃으며 말했다.

자네는 학문이 뛰어난데도 어찌 그리 사람의 얼굴을 쉽게 잊어버리는가?
참, 알 수 없단 말이야! 혹시, 알고도 모른 체 하려고 그러는 거 아닌가?

그러자 허경종이 조용하게 말했다.

자네 같이 이름 없는 사람의 얼굴은 잘 기억할 수 없어!
하지만 조식(曹植)이나 사령운(謝靈運)같은 문장의 대가들은,
어둠 속에서 물건을 찾듯이 기억할 수 있다네. 허허.

여기서 조식(曹植)은 조조(曹操)의 셋째 아들로 시를 잘 썼고, 사령운은 남북조시대 남송(南宋)의 시인으로 서정(抒情)을 바탕으로 하는 산수시(山水詩)의 길을 열어 놓은 명문장가이다.

허경종은 진짜 '건망증'이 심했을까? 아니면 세상의 소소한 일상에 관심이 없어 기억하지 않으려고 한 것일까? 그의 뜻이 어디에 있었을까?

허경종이 조용히 던진 말 한마디, '어둠 속에서 물건을 찾다.' 또는 '어둠 속을 더듬어 상대를 찾는다!'라는 '암중모색(暗中摸索)'은 '대가들의 글 속에서 인생을 찾으려는' 간절한 소망은 아니었을까?

'어둠 속에서 손으로 더듬어 찾는다!' 즉 '확실한 방법을 몰라 어림짐작으로 찾는다!'라는 암중모색! 그것이 요즘은 '상대가 눈치 채지 못하도록 조사하는 일'을 뜻하는 말로 쓰이기도 한다. 어쨌건, '암중모색'이라는 언표는 허경종의 건망증과 연관되어 있다.

약관(弱冠) – 어리고 약한 시절의 극복

문자

弱 어릴 약　冠 갓 관

독해

10대 후반이나 20대 초반 무렵부터 성공하여 출세하는 사람들이 있다. 어릴 때부터 너무나 총명한, 천재에 속하는 인재들이다. 그들에 대해, 흔히, '약관(弱冠)의 나이에도 불구하고, 이렇게 출세하였다!'라고 칭찬을 일삼기도 한다.

『예기(禮記)』「곡례(曲禮)」에 보면, '약관(弱冠)'을 포함하여, 10년 단위의 나이별로, 인생 전반에 관한 삶의 자세나 태도, 주요 임무에 관해 일러 주는 의미심장한 대목이 있다. 내용을 풀이하여 정돈하면 다음과 같다.

사람이 세상에 태어나서 일곱, 즉 7세까지를 특별히 '도(悼)'라고 한다. 도(悼)는 '슬퍼하다.'라는 뜻이다. 7세까지의 아이에게 왜 이런 말을 붙였을까? 그것은 너무나 어린, 유아 시기인지라, 무조건 '돌보고 보살피기만' 해야 하는, 가여운 시기이기 때문이다.

일반적으로는 태어난 후, 10년의 기간을 '유(幼)'라고 한다. 어린 시절이라는 말이다. 유아의 보육을 비롯하여 아동의 양육이 함께 이루어지는 시기이다. 이때부터 글을 배운다.

스물, 즉 20대를 '약(弱)'이라고 한다. 완전히 어린, 유아는 아니지만, 아직은 어리고 약한 시절이다. 이 무렵에 성인으로 인정받는 '갓'을 쓴다. 갓을 쓰는 일을 관(冠)이라고 한다. 그래서 20대를 '약관(弱

冠)'이라고 한다. 비슷한 말로 '약년(弱年)' 또는 '약령(弱齡)'이 있다. 모두, 스무 살, 20대를 지칭하는 언표이다.

서른, 30대는 '장(壯)'이라고 한다. 이때 결혼을 하여, 자신의 집을 짓는다. 그것을 실(室)이라고 한다. 하나의 독립된 가구로서 가정을 이루는 것이다.

마흔, 40대는 '강(强)'이라고 한다. 관직에 나가 벼슬살이를 하는 시기이다. 현대적 시각에서 보면, 직장에서 일에 매진하는 때다.

쉰, 50대는 '애(艾)'라고 한다. 벼슬살이를 하면서도, 하급에 머물지 않고, 높은 관직으로 승진하여 관리하거나 지도급 인사로서 발돋움해야 한다. 이른바 '관정(官政)'을 말는다.

예순, 60대는 '기(耆)'라고 한다. 이제는 사람들에게 어떤 일을 가리키거나 시키는 위치에 섰다.

일흔, 70대는 '노(老)'라고 한다. 자식들에게 인생의 지혜를 전하는 시기이다.

여든 이후 아흔, 즉 80~90대를 '모(耄)'라고 한다. 늙어서 힘이 빠지는 시기이다.

백, 100세 이후를 '기(期: 紀)'라고 한다. 쉽게 말하면, 돌아가시기 직전, 죽음을 앞둔 말년의 인생이다. 이 시기에는, 태어나 어린 시절에 아이가 길러지는 것처럼, 잘 봉양하며 지내야 하는 시기이다.

이처럼 인생의 본격적인 시작을 알리는 '약관(弱冠)'은 '약(弱)'과 '관(冠)'을 합쳐서 만든 말이다. 10세의 어린 시절에 공부를 시작하고, 20대가 되어, 아직은 약한 편이지만, 거의 자라 성인에 가까워졌으므로, 어른으로서 갓을 쓰게 한다.

30대는 인간으로서 완전히 여물대로 여문 장정이 된 나이이다. 그러므로 결혼을 하고, 집을 가지고 자식을 낳는다. 40대는 뜻이 굳세어 지는 나이로 올바른 판단을 할 수 있으므로 벼슬을 한다. 50세는 쑥처럼 머리가 희끗해지는 반백의 노인이 되는 시기이다. 이때는 많은 경험과 함께 마음이 차분해지는 시기이므로 나라의 큰일을 맡는다.

60대는 늙은이의 문턱에 들어서는 시기이다. 그러므로 자기가 할 일을 앉아서 젊은 사람에게 시켜도 된다. 70대는 상당히 늙었으므로 살림은 자식들에게 맡기고, 벼슬은 후배들에게 물려준 다음, 자신은 은퇴를 한다. 60대의 '기(耆)'와 70대의 '로(老)'를 합쳐 '기로(耆老)'라고 한다.

80~90대가 되면 기력이 완전히 소모되는 시기이다. 앞에서 말한 7세까지의 유아인 '도(悼)'와 80~90세의 늙은이인 '모(耄)'는, 죄를 저질러도 형벌을 주지 않는다. 100세 이후에는 다른 사람의 부축을 받아가며, 먹고 입고 움직이는, 말년의 생활이다.

이런 인생 주기에서, 전체 삶의 과정에서, 20대, '약관'은 어떤 의미일까?

약법삼장(約法三章) - 적합한 규정, 편안한 삶

문자

約 묶을 약　法 도리 법　三 석 삼　章 글 장

독해

인간 세상의 혼란을 질서 정연하게 바로잡는 일 가운데 하나가, 인간의 도리나 예의에 관한 법을 정돈하는 작업이다. 특히, 혼란이 채 가시지 않아 임시 처방으로 질서를 바로잡아야 할 경우, 간단하게나마 규정을 정하여 약조할 필요가 있다. 그 상징적인 역사적 사실이 한나라를 세운 유방(劉邦)의 정치에 등장한다.

사마천의 『사기』「고조본기(高祖本記)」에 다음과 같은 기록이 있다.

한(漢)나라 원년, 기원전 206년 10월, 유방은 진(秦)나라의 군대를 물리치고, 스스로 패왕(霸王)이 되었다. 당시 진나라 왕인 자영(子嬰)은 지도정(軹道亭)에서 유방을 맞이하고, 황제의 옥새와 절부(節符)를 상자에 넣어 가지고 항복했다. 유방 휘하의 몇몇 장수는, "진나라 왕을 죽여 버립시다!"라고 말하는 사람도 있었다. 하지만, 유방은 "이미 항복한 사람을 죽여서는 안 된다!"라고 말하고, 자영을 감시하게만 하였다.

유방은 다시 서쪽으로 진격하여 함양(咸陽)에 입성한 후, 궁궐로 들어갔다. 궁궐은 너무나 화려했고, 아리따운 후궁(後宮)들이 셀 수 없을 정도로 많았다. 이를 본 유방은 그곳을 벗어날 생각이 없어졌다. 그러자 최측근 참모인 번쾌(樊噲)가 충고했다.

"밖에 나가서 야영(野營)을 하도록 하시지요."

유방은 말을 듣지 않았다. 이때 책사인 장량(張良)이 말했다.

지금 왕께서 이곳에 올 수 있었던 것은 진나라가 무도(無道)했기 때문입니다. 나라에 들어와서 진나라와 똑같은 즐거움을 누려서야 되겠습니까? 포악(暴惡)하게 행동한다면 천하를 안정시키려는 정의로운 뜻이 사라집니다. 충고하는 말은 귀에 거슬리겠지만 행동에 이롭고, 양약은 입에는 쓰지만 병에 좋다고 합니다. 제발 번쾌의 말에 따라 주십시오!

한참을 생각하던 유방은 이 말을 받아들였다. 그리고 패상으로 돌아가 야영을 했다. 야영장에서 여러 현의 노인들과 호걸들을 불러 말했다.

여러분들은 진나라의 가혹한 법에 고통 받은 지 이미 오래되었습니다. 진나라의 법을 비방하는 사람은 가족을 죽이고, 그에 관한 이야기를 하는 사람도 죽였습니다. 나는 먼저 관문(關門)에 들어온 사람이 왕이 된다고 약속했습니다. 그러므로 내가 관중의 왕이 될 것입니다. 나는 여러분들에게 약속하겠습니다. 지금 상황에서, 반드시 지켜야 할, 임시로 정하는 법은 세 가지 조목으로만 하겠습니다.

첫째, 살인자사(殺人者死)! - 사람을 죽인 자는 사형에 처한다.

둘째, 상인급도저죄(傷人及盜抵罪)! - 사람을 상하게 만든 자와 도둑질을 한 자는 죄를 받는다.

셋째, 여실제거진법(餘悉除去秦法)! - 그 밖에 진나라의 법은 모두 없앤다.

모든 관리와 백성은 이전과 다름없이 침착하게 생활하기 바랍니다. 내가 여기에 온 것은 여러분에게 해로운 사안을 제거하기 위함이지, 괴롭히려는 것이 아닙니다. 조금도 두려워 마시기 바랍니다!

그러자 사람들은 모두 기뻐하며, 유방이 진나라의 왕이 되는 것을 바랐다. 이렇게 '약법삼장(約法三章)', 간략한 법 세 가지를 제시하고 백성들을 안정시킨 일은, 훗날 진나라 궁궐을 불사르고 후궁(後宮)과 부녀자와 보물을 빼앗았던 항우(項羽)와는 대조적이다.

이런 차원에서 볼 때, 혼란한 시대의 지도자는, 상황에 적합한 간략한 규정을 제시하며, 편안한 삶을 약속하는 일을 주요 임무로 삼아야 하리라. '약법삼장(約法三章)'은 그런 의미를 담고 있다.

양두구육(羊頭狗肉) - 거짓 간판, 나쁜 물건

문자

羊 양 양　頭 머리 두　狗 개 구　肉 고기 육

독해

사람이 사는 사회에는 참과 거짓이 공존(共存)한다. 그런 가운데 인간의 언행이 진실하다면 건전한 사회이고, 그렇지 못하다면 불건전한 사회라고 재단하기 쉬운 것이 인간의 감정이기도 하다. 하지만 세상은 평온하기만 한 것도 아니고, 불안으로 점철된 어지러운 곳만도 아니다. 인간 사회는 거짓이나 허위가 드러날 때, 그것을 조절하며 문제를 해결하려는 의지를 지니고 있다. 사회를 지속하는 힘은 그런 인간의 의지에서 나온다.

『안자춘추(晏子春秋)』에 다음과 같은 기록이 있다.

중국 춘추시대 제(齊)나라 영공(靈公)때의 일이다. 영공은 궁궐 여인들을 남자의 모습으로 변장시켜 놓고, 구경하며 즐기는 독특한 취미를 가지고 있었다. 그런데 이런 소문이 민가에까지 퍼져, 사람들 사이에 유행하게 되면서, 민간에서 남장한 여인이 날로 늘어나는 기이한 현상이 벌어졌다. 그러자 영공은 최고위 관리인 재상 안영(晏嬰)에게 여인들이 남자 복장을 하는 짓에 대해 금지령을 내리게 했다.

"궁궐 밖에서 남자 복장으로 변장하는 여인들을 처벌하라!"

그러나 민간의 백성 사이에 널리 퍼진 그 유행은, 좀처럼 퇴색할 기미가 보이지 않았다. 영공이 안영에게 그 까닭을 묻자, 그는 다음과 같이 대답했다.

> 전하께서는 궁궐의 여인들에게는 남자 복장으로 변장하도록 허용하며 그것을 즐기고, 궁궐 밖의 민가에 사는 여인들에게는 금지령을 내렸습니다. 이런 모습은 '밖에는 양 머리를 걸어 놓고 안에서는 개고기를 파는 행위'와 같습니다. 이제라도 궁궐의 여인들에게 남자 복장으로 변장하는 것을 금지하십시오! 그러면 궁궐 밖 민간의 여인들도 함부로 남자 복장으로 변장하지 못할 것입니다.

안영의 충고에 따라, 영공은 즉시 궁궐의 여인들에게 남자 복장으로 변장하는 일을 금지시켰다. 그러자 그 다음날부터 바로 남자 복장으로 변장한 여인을 찾아볼 수 없었다.

양두구육(羊頭狗肉)은 '밖에는 양머리를 걸어 놓고 안에서는 개고기를 판다!'라는 뜻으로, '거짓 간판을 내걸어 두거나 좋은 물건을 내걸고 나쁜 물건을 파는 짓'을 일컬을 때, 비유적으로 사용하는 말이다. '겉과 속이 일치하지 않을 때', 또는 '겉으로는 훌륭한 것 같으나 속은 그와 전혀 다른 속임수'를 나타낼 때, 쓰기도 한다.

원래 말인 '현양두매구육(懸羊頭賣拘肉)'을 줄인 표현이다.

양상군자(梁上君子) - 욕망의 절제, 용서하는 품격

문자

梁 대들보 양　上 위 상　君 임금 군　子 아들 자

독해

'양상군자(梁上君子)'는 문자 그대로 보면, '대들보 위의 군자'라는 뜻이다. 옛날부터 '도둑'을 가리키는 말로 쓰여 왔다. 그런데 어떻게 하여 대들보 위에 있는 군자를 도둑과 동일한 말로 사용하게 되었을까? 그 내력은 『후한서』「진식전(陳寔傳)』에 실려 있는데, 다음과 같다.

후한(後漢) 말기 때, 진식(陳寔)이라는 사람이 있었다. 그는 학식이 풍부하고 성질이 온화하며 청렴결백하여 모든 사람으로부터 존경을 받았다. 하급 관리였던 청년 시절에는 앉으나 서나 독서에 열중했다. 그런 모습을 보이자, 당시, 고위 관리들이 그를 인정하고, 태학(太學)에서 공부하게 주선했다. 일찍이 살인 혐의를 받아 붙잡힌 일도 있었는데, 살인 혐의가 풀려 석방된 뒤에는 자기를 붙잡았던 사람의 일을 열심히 도와주었고, 또 그 사람을 자기의 부하로 삼았다고 한다. 그만큼 마음이 공정하고 관대한 사람이었다.

나중에, 진식은 태구현(太丘縣)의 장관이 되었고, 더욱 덕을 닦아, 청렴하고 온화한 마음으로 정사를 돌보았다. 이 때문에, 그 현의 사람들이 대부분 안락하게 생활할 수 있었다.

그러나 어느 해에 심한 흉년이 들었다. 사람들은 양식이 부족하여 괴로움을 당했다. 상당수의 백성이 고통스런 나날을 보내던 어느 날 밤, 도둑이 진식의 방에 들어왔다. 그리고는 대들보 위에 숨었다. 진식은 도둑을 보았지만, 모른 체 했다. 조금 있다가 위엄을 갖추고, 아들과 손자를 방으로 불러들였다. 그런 다음, 조용히 그들을 훈계하였다.

사람은 스스로 노력하지 않으면 안 된다!
착하지 않은 일을 하는 사람도 처음부터 원래 나쁜 사람은 아니었다. 평소에 잘못된 버릇이 그 사람의 성격으로 변해, 나쁜 짓을 하게 되는 것이다.
저 대들보 위에 있는 군자도 이와 같은 사람이다!

도둑은 이 말을 듣고 깜짝 놀랐다. 스스로 대들보에서 뛰어 내려와, 이마를 조아리며 사죄를 했다. 진식은 조용하게 타일렀다.

너의 얼굴을 보니, 나쁜 사람 같지는 않다. 깊이 반성하여 도둑질 하려는 이기적인 마음을 이겨 내면, 착한 사람이 될 수 있다. 이런 짓을 하는 것은, 모두 가난하기 때문에 그런 게 아니겠는가!

그 도둑은 진식의 집에서 나와 크게 뉘우치고, 비단 두 필을 바쳤다. 그리고 용서를 받았다. 이 일이 알려지자, 태구현에는 도둑질을 하는 사람이 없어졌다.

한 고을의 지도자와 도둑에 얽힌 이 일화는, 인간 사회에서 발생하는 각종 사건 사고를 처리할 때, 의미 있는 시사점을 던진다. 흉년이 들어 생계에 곤란을 겪고 있는 시기에, 도둑은 왜 도둑이 될 수밖에 없었는가? 현의 장관은 어떤 방식으로 그를 용서할 수 있었는가? 상반되지만, 착한 생각과 행동으로 만날 수 있는 인간의 품격이 돋보인다.

양약고구(良藥苦口) - 충고와 아부, 인생의 갈림길

문자

良 좋을 양　藥 약 약　苦 쓸 고　口 입 구

독해

다른 사람의 결함이나 잘못을 고치도록 타이르거나 일러 주는 말을 '충고(忠告)'라고 한다. 그와 상반되게, 다른 사람의 비위에 맞추어 알랑거리는 행동을 '아부(阿附)'라고 한다. 이 충고와 아부는 인간 사회에서 흔히 벌어지는 삶의 방식들이다. 어떤 사람은 충고를 잘 받아들이고, 어떤 사람은 충고하는 사람을 오히려 미워하기도 한다. 또 어떤 사람은 아부하는 사람을 귀엽게 받아들이고, 또 어떤 사람은 아부하는 인간을 경멸하기도 한다. 무엇이 인생에 도움이 될까?

그에 관한 의미 있는 지침이 있다. 다름 아닌 '양약고구(良藥苦口)'라는 말이다. '좋은 약은 입에 쓰다!' 오래 전부터 격언이나 속담처럼 자주 써 오던 표현이다.

양약고구(良藥苦口), 충언역이(忠言逆耳)!
좋은 약은 입에 쓰고, 바른 말은 귀에 거슬린다!

『공자가어(孔子家語)』「육본(六本)」과 『설원(說苑)』「정간(正諫)」에 보면, 다음과 같은 공자의 말이 기록되어 있다.

좋은 약은 입에 쓰지만 병을 고치는 데 이롭다. 충성스런 말은 귀에 거슬리지만 일을 행하는 데 이롭다. 탕(湯)임금과 무왕(武王)에게는 곧은 말을 하며 충고하는 사람들이 있었기에 나라를 일으켜 세웠다. 걸(桀)임금과 주(紂)임금은 맹종하며 아부하는 사람들로 인해 나라를 멸망에 이르게 했다.
임금에 대해 직언하며 말리는 신하가 없고, 부모에 대해 말리는 자식이 없고, 형에 대해 말리는 아우가 없고, 남편에게 말리는 아내가 없으며, 동료에 대해 말리는 친구가 없을 경우, 과오를 범하지 않는 사람이 없다!
그러므로 임금이 잘못하면 신하가 바로잡아 주고, 부모가 잘못하면 자식이 바로잡아 주며, 형이 잘못하면 아우가 바로잡아 주고, 남편이 잘못하면 아내가 바로잡아 주며, 동료가 잘못하면 친구가 바로잡아 주어야 한다. 그래야만 나라가 멸망하고 집안을 망치는 일, 패덕한 부모에 잘못된 자식, 방탕한 형에 어리석은 아우, 미친 남편에 못된 아내, 사귐을 끊는 동료에 잘못된 친구가 생기지 않는다.

인간에 대한 '충고'와 '아부'가 이렇게 극명하게 삶을 갈라놓는다.

양약고어구이리어병(良藥苦於口而利於病)!
좋은 약은 입에 쓰지만 병을 고치는 데 이롭다!

충언역어이이리어행(忠言逆於耳而利於行)!
충성스런 말은 귀에 거슬리지만 일을 행하는 데 이롭다!

공자의 이 말에서, 앞 구절을 정돈한 말이 '양약고구(良藥苦口)'이다. 뒷부분을 정돈한 '바른 말이 귀에 거슬린다!'는 '충언역이(忠言逆耳)!'도 같은 의미이다.

『사기』「유후세가(留侯世家)」에도 유사한 의미의 내용이 실려 있다.

장량이 유방을 달랠 때 한 말이다.

충언역이(忠言逆耳), 리어행(利於行)!
충성스런 말은 귀에 거슬려도, 행하는 데 이롭다!

독약고구(毒藥苦口), 리어병(利於病)!
독한 약은 입에 써도, 병에는 이롭다!

대부분의 사람들은 자신에게 유리하고 듣기 좋은 말을 선호한다. 듣기 거북하거나 자신에게 불리한 바른 말들은 배척하거나 무시하는 경향이 있다. 무엇이 나의 삶에 보탬이 될까? 건전한 사람이라면, 충고하는 말이 당장은 불쾌할지라도, '바른 말은 귀에 거슬리는 법, 좋은 약은 입에 쓴 법'이라는 격언에 긍정하며, 자신을 성찰하는 데 힘쓸 것이다.

어부지리(漁夫之利) – 양보 없는 버티기, 가로채는 이득

문자

漁 고기 잡을 어　夫 사내 부　之 ~의 지　利 이로울 리

독해

인간이 이익을 챙기는 방법에는 여러 가지가 있다. 물론, 자신의 힘으로 열심히 노력하여 얻는 이익이 가장 기본적인 형태이다. 그런데 어떤 경우에는, 땀 한 방울 흘리지 않고 횡재를 하는 수도 있다. 또 어떤 사람은 최선을 다하여 일했으나 손해를 보기도 한다. 그런 점에서, 인생을 '요지경(瑤池鏡)'이라고도 한다. 도무지, 알쏭달쏭 복잡하여 이해할 수 없다!

『전국책(戰國策)』「연책(燕策)」에 재미난 이야기가 실려 있다.

유명한 '합종연횡(合縱連橫)'에서, 합종책(合縱策)을 주장한 소진(蘇秦)에게 소대(蘇代)라는 아우가 있었다. 전국시대 말기, 조나라가 연나라를 치려고 할 때, 소대는 연나라에 와 있었다. 소대는 연나라 왕의 부탁을 받고 조나라 혜문왕을 찾아가 달래면서 말했다.

이번에 제가 조나라로 올 때 역수(易水)를 건너오게 되었습니다. 때마침 민물조개 한 마리가 물가로 나와 입을 벌리고 햇볕을 쪼이고 있는데, 물새란 놈이 지나가다가 조갯살을 보고 쪼아 먹으려 하지 않았겠습니까? 조개란 놈이 깜짝 놀라 입을 오므리자, 물새는 그만 주둥이를 꽉 물리고 말았습니다.
그러자 물새가 말했습니다.

"오늘도 내일도 비만 오지 않으면, 그때는 바짝 말라죽은 조개를 보게 될 것이다!"

조개는 조개대로 또 당당하게 말했습니다.

"오늘도 열어 주지 않고, 내일도 열어 주지 않으면, 그때는 죽은 물새를 보게 될 것이다!"

이렇게 서로 버티기 작전으로 맞불을 놓고 있었습니다. 그때 마침 지나가던 어부가 이 광경을 보고, 물새와 조개를 함께 잡아넣고 말았습니다.

지금 조나라가 연나라를 치려고 하는데, 연나라와 조나라가 서로 오래 버티며 백성들을 지치게 만들면, 저는 강한 진나라가 어부가 될 것을 염려하지 않을 수 없습니다. 그러므로 왕께서는 깊이 생각하신 뒤에, 일을 결정하시기 바랍니다.

소대의 비유를 들은 혜문왕이 말하였다.

"정말 그럴 수 있겠군!"

그리고는 연나라를 칠 계획을 그만두고 말았다.

'어부지리(漁父之利)'라는 말이 여기에서 생겨났다. 두 사람이 맞붙어 싸우는 바람에 엉뚱한 제 삼자가 덕을 보는 경우를 말한다. 조개와 물새가 서로 버티며 양보하지 않는 상황, 즉 서로 맞붙어 버티며 양보하기 어려운 형편에 있는 것을 '방휼지세(蚌鷸之勢)'라고 한다.

쌍방이 싸우는 틈을 타서 제 삼자가 애쓰지 않고 가로챈 이득! 이런 '어부지리(漁父之利)'의 상황, 그 '방휼지세'가 세상에서 수시로 벌어지는 일상인 것은 아닐까?

역린(逆鱗) - 의사 전달, 설득의 기술

문자

逆 거스를 역　鱗 비늘 린

독해

세상의 일이 순리대로만 이행되는 것은 아니다. 반대에 부딪히기도 하고, 무시당하기도 한다. 올바른 일의 경우, 반드시 사람들을 설득하여 관철시켜야 할 때도 있다. 정의를 구현하기 위한 설득의 전략, 특히 최고지도자의 설득을 얻어 내려면 어떻게 하는 것이 현명할까?

『한비자(韓非子)』「설난(說難)」에 보면, 사람들에게 자신의 의견을 설득하는 것이 얼마나 어려운지, 그 삶의 편력을 일러 주는 대목이 등장한다.

중국 고대의 전국시대에 '한(韓)'은 힘이 약한 나라 가운데 하나였다. 이웃의 초강대국에게 금방이라도 멸망당할 것 같은 데도, 당시 군주인 왕안(王安)은 아무 생각이 없었다. 조정의 무리들이 특권을 세습하고, 자기 집안의 이익만을 도모하며, 나라의 위기를 돌아볼 생각이 전혀 없는 데도, 이를 방치하고 있었다.

한나라의 공자(公子)였던 한비자는 초조하게 생각하지 않을 수 없었다. 그는 명석한 두뇌의 소유자였다. 여러 가지 고민 끝에, 새로운 정책을 실시하여 조정 관리들의 특권을 일소하고, 군주의 전제하에 부국강병(富國强兵)으로 나아갈 청사진을 준비했다.

그러나 군주인 왕안은 결코 그 방책을 채택하려고 하지 않았다. 답답한 상황이 벌어졌다. 한비자는 군주를 설득하느라, 온갖 슬픔을 맛보며 인내하고 있었다. 그리고는 끊임없이 그 전략을 설파했다.

> 상대방이 명예나 높은 절개를 찾아 움직이려 하고 있습니다. 이런 상황에서는, 이익을 많이 주어 이들을 설득하면, 오히려 그들의 지조가 비열해집니다. 그때 사람들은 자신을 천박하게 대우하는 것이라고 간주하여, 이런 접근을 멀리할 수 있습니다. 반대로 상대방이 많은 이익을 찾아 움직이려 하고 있습니다. 명예나 높은 절개로 이를 설득하면, 욕심 없이 맑지만 세상일에 어둡다고 간주되어 버릴 수 있습니다. 상대방이 은근히 많은 이익을 도모하고 있으면서, 겉으로만 명예나 높은 절개를 찾아 움직이고 있는데, 명예와 높은 절개로 이를 설득하면, 겉으로는 이쪽의 의견을 받아들여 놓았지만, 속으로는 싫어합니다. 많은 이익을 준다고 설득하면, 속으로는 그 의견을 채택하여 놓고, 겉으로는 이쪽 의견을 버릴 것입니다.

이렇게 시작된 한비자의 견해는 아래와 같이 마무리된다.

> 용이라는 동물은 부드럽게 길들이면 타고 다닐 수 있습니다. 그러나 그 목구멍 아래에 직경이 한 자쯤 되는 거꾸로 박힌 비늘이 있는데, 이것을 건드리면, 반드시 그 사람을 죽입니다! 백성을 다스리는 임금에게도 또한 거꾸로 박힌 비늘이 있습니다. 설득하는 사람이 백성을 다스리는 임금의 거꾸로 박힌 비늘을 건드리지 않는다면, 설득할 희망이 있습니다!

여기에서 '거꾸로 박힌 비늘'을 '역린(逆鱗)'이라 한다. 이는 군주를 설득하여 자신의 의견을 받아들이도록 할 때, 군주의 마음을 살피는 것이 가장 중요하다는 뜻이다. 아무리 훌륭한 정책도 권력자의 심기를 건드려서는 곤란하다. 조심스럽게, 역린을 건드리지 않고 설득해야, 온전하게 의사 전달이 되어, 정책이 구현될 수 있다.

연리지(連理枝) - 화목과 화합, 사랑의 징표

문자

連 이을 연 理 결 리 枝 가지 지

독해

세상에는 상식적으로 설명하기 힘든 기이한 일들이 발생한다. 특히, 전설(傳說)에 그런 얘기들이 많다. '연리지(連理枝)'도 그런 전설 가운데 하나다.

『후한서』「채옹전」에 재미있는 기록이 전해 온다.

중국 후한(後漢) 말에 채옹(蔡邕)이라는 학자가 있었다. 그는 경전에 쓰인 문자를 통일하고, 비문(碑文)으로 써서 태학문(太學門) 밖에 세운 사람으로 알려져 있다. 하지만 그런 문인 학자로서의 업적은 물론, 효자(孝子)로도 이름이 난 사람이었다.

그의 어머니는 늙어서 몹쓸 병이 들었는데, 세상을 떠나기 직전까지 줄곧 병상에 누워 있었다. 이에 채옹은 병간호에 정신을 쏟았고, 3년 동안 옷을 벗고 편안히 잠을 자 본 적이 없을 정도였다. 어머니의 병이 위중해진 후, 100일 동안은 잠자리에 들지 않았다. 어머니가 돌아가시자, 채옹은 무덤 곁에 초막을 짓고, 거기서 복상(服喪)을 하였다. 이른바 '시묘 살이'를 했다. 그것도 형식적으로 한 것이 아니라, 시종일관 예법에 정해진 그대로 실행했다.

3년 상 '시묘살이'를 마치자, 어느 날, 채옹의 방 앞에 두 그루의 나무가 자라났다. 두 나무는 자라나면서 차츰차츰 서로 붙어 나뭇결까지 하나가 되었다. 세상 사람들은 그것을 기이하게 생각했다. 무엇보다도, 어머니를 모시며 '시묘살이'를 철저하게 이행한 채옹의 효도가, 이 진기한 현상을 가져왔다고 소문이 났다. 그러자 가까운 지역 사람들은 물론, 멀리 사는 사람들까지, 많은 사람이 이 나무를 구경하러 왔다.

『후한서』「채옹전」에는, '연리지(連理枝)'에서 '가지 지(枝)'자는 없다. 그냥 '연리(連理)!', '나무가 나서 나뭇결이 이어졌다!'라고 기록되어 있을 뿐이다. 그리고 '연리(連理)'를 효(孝)와 결부시켜 언급하고 있다.

이 이야기는 나중에 송나라 강왕(康王)의 포학에 굴하지 않았던 한빙(韓憑)과 그의 아내 하씨(何氏)의 부부애로 바뀌어서 전해지게 되었다.

백거이(白居易)의 「장한가(長恨歌)」에는 당나라 현종과 양귀비가 서로 맹세한 말로, 다음과 같은 구절이 있다.

재천원작비익조(在天願作比翼鳥),
재지원위연리지(在地願爲連理枝)!
하늘에서는 비익의 새가 되기를 바라고,
땅에서는 연리의 가지가 되기를 빌어 보네!

'비익조(比翼鳥)'는 날개가 하나 밖에 없는 새다. 두 마리가 나란히 합쳐야, 비로소 두 날개를 갖추게 되어 날 수가 있다고 한다. 이처럼 '연리지(連理枝)'는 화목한 부부나 남녀 사이의 짝을 이룬 표현으로 쓰인다.

연목구어(緣木求魚) - 목적과 수단의 불일치, 성공 불가능

문자

緣 말미암을 연　木 나무 목　求 구할 구　魚 물고기 어

독해

어떤 일을 할 때, 목적과 수단이 연속성이 있고 일치할 경우, 그 일은 성공할 확률이 높다. 그런데 전혀 엉뚱하게 일 처리가 될 때도 많다. 『맹자(孟子)』「공손추(公孫丑)」상(上)에 재미있는 일화가 등장한다.

맹자는 누구보다도 훌륭한 정치인 '왕도(王道)'와 '인정(仁政)'을 강조했다.

> 힘으로 어진 정치를 가장하는 것은 패도(霸道)다. 패도를 할 경우, 반드시 큰 나라를 지향한다. 정치는 힘으로 하고, 패도는 힘의 정치이기 때문이다. 하지만 덕으로 사랑을 베푸는 정치는 왕도(王道)이다. 왕도를 실천하는 경우, 반드시 나라가 커야 하는 것은 아니다. 탕(湯)임금은 70리의 영토에서 왕이 되었고, 문왕(文王)은 100리의 영토를 소유하고도 왕이 되었다. 힘으로 사람을 복종시키는 것은 마음으로부터 복종케 하는 것이 아니다. 힘이 모자라서이다. 덕으로 사람을 복종시키는 것은 마음으로부터 기뻐서 진실로 복종하는 것이다!

그러자 제나라 선왕(宣王)이 물었다.

"제나라 환공(桓公)과 진나라 문공(文公)이 어떤 정치를 했는지 들려주십시오."

맹자가 대답했다.

"공자의 제자들 가운데 환공과 문공의 일을 말한 사람이 없습니다. 그런 만큼 후세에 알려진 사안도 없습니다. 나도 아직 그 일을 듣지 못했습니다. 싫지 않으시다면 왕 노릇하는 이야기나 하시지요."

제나라 선왕이 다시 물었다.

"덕이 어떠해야 왕 노릇을 할 수 있습니까?"

맹자가 말했다.

"백성들을 편안히 살게 해 주면서 왕 노릇을 한다면, 어떤 사람도 이를 못하도록 막을 수 없을 것입니다."

제나라 선왕이 말했다.

"나 같은 사람도 백성들을 편안히 살게 해 줄 수 있을까요?"

맹자가 말했다.

그럼요! 충분히 잘 할 수 있습니다. '하지 않는 것'과 '하지 못하는 것'은 어떻게 다릅니까? 태산을 옆에 끼고서 바다를 뛰어넘는 일에 대해, 사람들이 누구나가 '나는 못한다!'라고 말한다면, 이는 진실로 하지 못하는 것입니다. 그러나 웃어른을 위하여 몸을 굽혀 절하는 일을 사람들이 '나는 못한다!'라고 말한다면, 이는 하지 않는 것이지 못하는 것이 아닙니다. 왕께서 왕 노릇을 못하는 것은, 태산을 옆에 끼고 바다를 뛰어넘는 것에 비유되는 것이 아니라, 몸을 굽혀 절하는 것에 비유되는 것입니다. 왕께서 가장 원하시는 것이 무엇입니까?

왕이 웃기만 할 뿐 말하지 않자, 맹자가 말했다.

"살찐 고기와 맛있는 음식이 입에 부족하기 때문입니까? 가볍고 따

뜻한 옷이 몸에 부족하기 때문입니까? 그렇지 않으면 아름다운 빛깔이 눈으로 보기에 부족하기 때문입니까?"

제나라 선왕이 말했다.

"아닙니다. 그런 일들을 위해 그러는 것은 아닙니다."

맹자가 말했다.

> 그렇다면 왕이 가장 바라는 것이 무엇인지 짐작이 갑니다. 영토를 크게 확장하여 큰 나라를 굴복시키고, 중원에 군림하여 사방의 오랑캐들을 쓰다듬어 주려는 것 아닙니까! 그와 같은 전쟁을 통해 왕도를 달성하려는 것은, 마치, 나무에 올라가 물고기를 잡으려는 것과 같습니다.

제나라 선왕이 말했다.

"그런 생각이 그토록 터무니없는 일입니까?"

맹자가 말했다.

"정말 터무니없는 일입니다! 나무에 올라가 물고기를 잡으려는 짓은 비록 물고기를 잡지 못할지라도 후환은 없습니다!"

'연목구어(緣木求魚)'는 '나무에 올라가서 물고기를 잡는다!'라는 뜻이다. 간략하게 말하면, 목적과 수단이 일치하지 않는, 성공 불가능한 사태, 터무니없는 상황을 비유할 때 쓴다.

오리무중(五里霧中) – 희미함, 파악하기 힘든 세상

문자

五 다섯 오　里 마을 리　霧 안개 무　中 가운데 중

독해

사람을 '이성적 동물(理性的 動物)'이라고 한다. 지각 능력이 있기에, 생각을 통해 사물을 인식하고 세상을 파악하는 존재라는 의미다. 하지만 세상의 여러 사물을 제대로 알기란 쉽지 않다. 혼란한 시대에는 더욱 그러하다. 무엇이 그렇게 만드는 걸까?

중국 후한(後漢)의 순제(順帝) 때, 학문이 뛰어난 장해(張楷)라는 선비가 있었다. 특히, 그는 『춘추(春秋)』와 『고문상서(古文尙書)』에 통달한 학자였다. 얼마나 학문이 깊고 넓었는지, 평소에 공부하러 오는 제자들만 해도 100명을 훌쩍 넘었다. 이에 순제는 그의 학문성과 인품을 보고, 관리로 등용하기 위해 여러 차례에 걸쳐 사람을 보냈다.

그러나 장해는 아프다는 핑계를 대고, 끝내 벼슬길에 나아가지 않았다. 뿐만 아니라, 전국 각지에서 학식과 명망이 높은 선비가 몰려들었고, 고관대작(高官大爵)이나 환관(宦官)들까지도 그의 가르침을 받으려고 찾아왔지만, 장해는 이런 상황을 무척이나 싫어했다. 그러다가 끝내는 화음산(華陰山) 기슭에 자리한 고향으로 낙향하고 말았다. 그러자 장해를 따라온 문하생과 학자들로 인해 그의 집은 시장처럼 많은 사람들로 붐볐다. 나중에는 화음산 남쪽 기슭에 장해의 자(字: 별도의 이름)를 딴 '공초(公超)'라는 시장이 만들어졌다.

그런데 장해는 학문뿐만 아니라 '도술(道術)'에도 능하여, 쉽게 '오리무(五里霧)'를 만들었다고 한다. '방술(方術)'을 써서 사방(四方) 5리를 안개가 자욱하게 만들었다는 것이다. 참으로 희한하고 신기한 일이다. 어떤 방법으로 술수를 부렸기에, 5리나 되는 영역을 안개 자욱한 곳으로 만든 단 말인가?

'오리무중(五里霧中)'이란 말은 여기에서 유래했다. 『한서』「장해전」에는 원래 '중(中)'자가 없다. 후세 사람들이 '오리무(五里霧)'에 '중(中)'자를 더했다. 사방 5리에 안개가 덮여 있고, 그 속에 있는 존재! 희미한 만큼 제대로 파악하기 힘들다. 이는 오늘날 사물의 행방이나 사태의 추이 등, '어떤 세상을 알기 힘들다!'라는 의미로 사용된다.

오우천월(吳牛喘月) - 미리 하는 걱정, 불러일으키는 곤란

문자

吳 나라 오　牛 소 우　喘 숨찰 천　月 달 월

독해

인간의 인식과 행위는 우스꽝스러울 때가 많다. 어떤 사람은 어려운 일도 대담하게 처리하기도 하고, 어떤 사람은 아주 쉬운 일도 어쩔 줄 몰라 하며, 처리하는 데 곤란을 겪기도 한다. 그것이 개인의 성격 문제인지, 사회적 환경의 영향 때문인지, 원인을 알기는 힘들지만, 인간의 군상(群像)은 그렇게 드러나게 마련이다.

『세설신어(世說新語)』「언어」편에 재미있는 이야기가 실려 있다.

진(晉)나라의 2대 황제인 혜제(惠帝) 때, 상서령이라는 고위 관직을 지낸 만분(滿奮)이라는 사람이 있었다. 만분은 혜제 이전에 무제 때도 관직에 몸담았던 인물이었다.

어느 날 만분이 편전에서 무제와 마주앉게 되었다. 당시, 무제는 그 무렵에 발명된 유리를 창문으로 이용하고 있었다. 그때 유리는 현대의 유리와 달리, 보석처럼 귀한 물건이었다. 무제는 창문을 등지고 앉았다. 무제와 마주 앉은 만분은 깜짝 놀랐다. 무제의 뒤쪽 벽이 휑하니 뚫려 있지 않은가! 유리로 만든 창문을 본 일이 없는 만분으로서는, 그렇게 착각할 수밖에 없었다. 만분은 고심했다.

"아니, 이 일을 어쩌지? 임금께서 감기라도 걸리면 어떡하나!"

뿐만이 아니었다. 자신에 대한 걱정도 마구 밀려 왔다. 만분은 기질이 약해 평소에도 바람을 무서워했다. 바람을 조금이라도 쏘인 다음날에는, 반드시 감기로 며칠을 앓을 정도였다. 북쪽 창문이 휑하니 뚫린 것을 본 그는, 미리 겁을 집어먹었다. 얼굴이 일그러지면서 난처한 표정을 지었다.

무제는 그가 바람을 싫어하는 것을 잘 알고 있었다. 무제가 웃으며 말했다.

"이 사람아, 저 창문은 바람이 통하지 않는 유리창일세! 걱정하지 마시게! 허허!"

그러자 만분은 황공한 듯이 말했다.

오우견월이천(吳牛見月而喘)!
오나라 소가 달을 보고 헐떡거린다!

이 말이 바로 저를 가리키는 것 같습니다.

여기에서 '오우천월(吳牛喘月)'이란 고사성어가 만들어졌다. '간이 작아 공연한 일에 미리 겁부터 집어먹고 허둥거리는 것'을 비웃는 말이다.

오나라 소가 그런 이유도 분명하다. 오나라처럼 남쪽의 더운 지방에 있는 소들은, 해가 떠서 고온이 되면, 더위를 못 이겨 숨을 헐떡거리게 된다. 그러자 해가 뜨는 것이 지겹게만 여겨진 이 지역의 소들은, 해가 아닌 달이 뜨는 것만 보아도, 미리 숨이 헐떡거려진다는 얘기다.

'자라 보고 놀란 가슴 솥뚜껑 보고도 놀란다!'라는 속담과도 상통하는 말이다.

와신상담(臥薪嘗膽) – 고난의 시간, 인내의 열정

문자

臥 누울 와　薪 땔나무 신　嘗 맛볼 상　膽 쓸게 담

독해

어떤 사람은 인생을 '고난의 바다.'라고도 한다. 불교에서도 이 세상을, 괴로움이 끝이 없는, 고해(苦海)라고 한다. 온갖 어려움이 수시로 앞을 가로막고, 인간은 그것에 대처하며 헤쳐 나가는 길, 그 자체가 인생이라는 말이다.

중국 고대의 춘추시대, 오나라 왕인 합려(闔閭)는 현재 절강성(浙江省)의 가흥(嘉興) 지역인 취리에서 월나라 왕 구천(勾踐)과 싸워 크게 패했다. 화살에 맞아 부상을 당한 손가락의 상처가 악화되어 목숨을 잃었다. 죽으면서 합려는 아들인 태자 부차(夫差)에게, "반드시 구천을 쳐부수어 원수를 갚아라!"고 유언을 남겼다.

이후 오나라 왕이 된 부차는, 아버지 합려의 유언을 잊지 않으려고, '땔나무를 쌓아 놓은 섶 위에서 잠을 자고' 자기 방을 드나드는 신하들에게는 방문 앞에서 부왕의 유언을 외치게 했다.

"부차야! 월나라 왕 구천이 네 아버지를 죽였다는 것을 절대 잊어서는 안 된다!"

그때마다 부차는 임종 때 부왕에게 한 그대로 대답했다.

"예! 결코 잊지 않고, 3년 안에 꼭 원수를 갚겠습니다."

이와 같이 밤낮 없이 복수를 맹세한 부차는, 은밀하게 군사를 훈련하며, 구천을 칠 때가 오기만을 기다렸다.

이 사실을 안 월나라 왕 구천은, 책사인 범려의 충고를 듣지 않고, 선제공격을 감행했다. 그러나 월나라 군사는 복수심에 불타는 오나라 군사에 대패하여 회계산(會稽山)으로 도망쳤다. 오나라 군사가 회계산 전체를 포위하자, 진퇴양난에 빠진 구천은 범려의 계책을 따를 수밖에 없었다. 우선 오나라의 재상 백비에게 많은 뇌물을 준 뒤, 부차에게 신하가 되겠다며 항복을 청원했다. 이때 오나라의 고위 관리였던 오자서(伍子胥)는 충고했다.

"후환을 남기지 않으려면 지금 구천을 쳐야 합니다!"

하지만 부차는 백비의 진언에 따라, 구천의 청원을 받아들이고 귀국까지 허락했다.

구천은 오나라의 식민지처럼 된 고국으로 돌아온 후, 항상 곁에다 '쓸개를 놔두고 앉으나 서나 그 쓴맛을 맛보며' 회계산의 치욕을 떠올렸다. 그리고 부부가 함께 밭 갈고 길쌈하는 농사꾼이 되어 은밀하게 군사를 훈련하며 복수의 기회를 노렸다.

회계산의 치욕으로부터 12년 후, 구천은 마침내 오나라 부차를 굴복시켰다. 부차는 현재 절강성 정하(定河) 지역인 용동에서 여생을 보내라는 구천의 호의를 사양하고 자결했다.

'땔 나무 섶 위에서 잠자고 쓸개를 핥는다!'는 의미의 '와신상담(臥薪嘗膽)'은 바로 부차와 구천의 이야기에서 나온 말이다. 인생에서 '목적을 달성하기 위해 온갖 고난을 참고 견딘다!'라는 의미로 쓰인다.

완벽(完璧) - 무결점의 인간, 훌륭함의 상징

문자

完 완전할 완　璧 둥근 옥 벽

독해

단, 하나의 결점이 없는 사람도 있을까? 이른바 완벽(完璧)한 사람! 인간으로서 그렇게 존재하기란 쉽지 않다. 열심히 공부하고 수련하면, 결점을 최소화할 수는 있겠지만 말이다.

중국 고대 전국(戰國)시대, 조(趙)나라의 혜문왕(惠文王)은 '화씨지벽(和氏之璧)'이라는 천하명옥(天下名玉)을 가지고 있었다. 이 소문을 들은 진(秦)나라 소양왕(昭襄王)은 욕심이 발동했고, 어떻게든 '화씨지벽'을 손에 넣고 싶어 했다. 그래서 조나라에 사신을 보내, 진나라의 15개 성(城)과 맞바꾸자고 제의했다. 혜문왕은 당황했다. 정말 난처한 지경에 처했다. 그 제의를 거절하면 진나라가 쳐들어 올 것이고, 화씨지벽을 넘겨주면, 그냥 빼앗아 가 버릴 게 뻔했기 때문이다. 혜문왕은 신하들과 회의를 열고 심각하게 논의했다. 다양한 의견이 제시되었으나, 결국은 강대국의 비위를 거스를 수 없었기에, 소양왕의 제의를 받아들이기로 했다.

혜문왕이 신하들에게 물었다.

"진나라에 갈 사신으로는 누가 적임자일 것 같습니까?"

그러자 대부(大夫) 목현(繆賢)이 말했다.

> 제 식객 가운데 지모와 담력이 뛰어난 '인상여(藺相如)'가 있습니다. 그 사람이라면 이 중대한 임무를 차질 없이 완수할 것으로 생각됩니다.

이리하여 인상여가 소양왕을 만나 '화씨지벽'을 바쳤다. 화씨지벽을 손에 들고 살펴보던 소양왕은, 감탄하며 희색이 얼굴에 가득 찼다. 하지만 맞바꾸자고 했던 성에 대해서는 한 마디도 하지 않았다. 이런 일을 예상했던 인상여는 조용히 말했다.

"전하, 그 화씨지벽에는 흠집이 있습니다. 그것을 제게 주시면 가르쳐 드리겠습니다."

그러자 소양왕은 별 생각 없이 화씨지벽을 건네주었다. 인상여는 구슬을 들고 궁궐 기둥 옆으로 가서, 소양왕을 노려보며 말했다.

> 전하께서 약속하신 성을 넘겨줄 때까지, 이 화씨지벽은 제가 갖고 있겠습니다. 안 된다고 하면, 화씨지벽은 제 머리와 함께 이 기둥에 부딪쳐 깨질 것입니다.

화씨지벽이 깨질까 겁이 난 소양왕은 인상여를 일단 숙소로 돌려보냈다. 인상여는 곧바로 화씨지벽을 부하에게 주고 서둘러 귀국시켰다. 뒤늦게 이 사실을 안 소양왕은 화가 머리끝까지 치밀어 인상여를 잡아 죽이려고 했다. 그러나 그를 죽였다가는 신의 없는 왕이라는 비난을 받을 것 같아 그대로 돌려보냈다. 이리하여 화씨지벽은 '온전한 구슬'로 되돌아왔다.

그 온전한 구슬이 '완벽(完璧)'이다. '완벽'은 '흠이 없는 구슬'로 '환상(環狀)의 옥(玉)'을 뜻한다. '결점 없이 훌륭하다.'라는 말로 쓰인다.

요령부득(要領不得) - 실패의 길, 성공의 이면

문자

要 요구할 요 領 옷깃 령 不 아닐 부 得 얻을 득

독해

중요한 사안을 제대로 성취하지 못했을 때 어떤 선택이 가능할까? 포기해야 할까? 다시 시도해야 할까?

사마천의 『사기(史記)』「대원전(大宛傳)」에 의미심장한 일화가 기록되어 있다.

중국 한(漢)나라 무제(武帝) 때의 이야기다. 무제는 즉위하자마자, 대월씨국(大月氏國)과 결탁하여 숙적(宿敵)인 흉노(匈奴)를 공격하려고 했다. 흉노의 세력권을 통과하여 대월씨국으로 가는 결사적인 사자를 모집하였는데, 한 사람의 낭관(郞官)이 이에 응모했다. 한나라 출신인 장건(張騫)이라는 사람이었다.

장건은 흉노족 출신의 감부(甘父)라는 사람의 안내를 받아, 100여 명의 시종을 거느리고 함께 출발했다. 하지만 한나라 국경을 벗어나 흉노족의 땅에 들어간 지 얼마 안 되어, 흉노에게 사로잡혔다. 그는 거기에서 10년 이상이나 억류되었다. 그 기간 동안 흉노의 여자와 결혼하여 아들까지 생겼다. 하지만, 무제로부터 부여받은 자신의 임무를 잊지 않고, 흉노족의 감시가 소홀한 틈을 타서 탈출하여 대완국(大宛國)에 이르렀다.

대완국의 왕은 당시 한나라와 교류하기를 바라고 있었기 때문에, 장건을 위해 안내자를 붙여 주면서 장건을 대월씨국으로 보냈다. 그때, 대월씨국의 왕은 흉노족에게 죽임을 당했다. 때문에 태자를 왕으로 세운 직후였다. 새로운 왕은 대하국(大夏國)을 따라 그 땅에 거주하고 있었는데, 땅이 기름지고 적군도 거의 없는 지역이었기 때문에 완전히 만족하고 있었다. 또 한나라도 멀리 떨어져 있었기에, 새로이 우호관계를 맺을 의향도 없고, 흉노에 대한 복수심도 차츰 엷어져 가고 있었다.

그런 상황에서, 장건은 대월씨국으로부터 대하국에 이르렀지만, 결국 대월씨국왕의 요령을 얻을 수가 없었다. 할 수 없이 대하국에서 1년 이상 머무른 뒤에 귀국길에 올랐다. 그러나 그는 다시 흉노족에게 사로잡혀, 1년 이상 억류를 당했다. 우연히 흉노족의 지도자인 선우(禪于)가 죽었고, 흉노족의 내부 권력 싸움이 일어나 혼란한 틈을 타서 탈출에 성공하여, 간신히 조국 한나라로 돌아올 수 있었다.

도읍인 장안을 출발한 지 13년 만이었다. 출발할 때 100명 이상이나 되던 시종들은 하나도 없었다. 흉노족에서 장가든 아내, 그리고 호부(胡父)라는 사람을 포함하여, 세 사람뿐이었다. 하지만 장건은 대하국에 머물고 있는 동안, 각지를 돌아다니며 견문을 넓혔다. 원래 목적했던 것은 '요령부득(要領不得)'으로 끝났다. 대신, 실크로드를 개척하며 서역문명(西域文明)의 소개자이자 개척자로서 역사에 이름을 남겼다.

'요령부득'이란, 다름 아닌, 장건이 한 무제의 명령으로 대월씨국에 외교관으로 파견되어 동맹을 맺으려고 했으나, 그 뜻을 이루지 못했음을 뜻하는 데서 생긴 말이다.

우공이산(愚公移山) - 어렵고 험한 일, 끊임없는 노력

문자

愚 어리석을 우　公 남자 공　移 옮길 이　山 뫼 산

독해

인간은 어리석은 존재일까? 똑똑한 존재일까? 아니면 어리석음 가운데 똑똑함이 배어 있고 똑똑함 가운데 어리석음이 담겨 있는, '우(愚)-현(賢)'의 동시성을 지닌 존재일까?

『열자(列子)』「탕문(湯問)」에 널리 알려져 있는 의미심장한 우화(寓話)가 실려 있다.

아주 오랜 옛날에 태항산(太行山)과 왕옥산(王玉山) 사이의 좁은 땅에 우공(愚公)이라는 노인이 살고 있었다. 나이가 벌써 90대였다. 그런데 노인의 집은 사방 700리에 높이가 만 길이나 되는 두 개의 큰 산에 가로막혀 있었다. 당연히 왕래에 큰 장애가 되었다. 어느 날 우공이 가족을 모아 놓고 다음과 같이 물었다.

> 우리 집을 가로막고 있는 저 두 산을 깎아 없애면 어떻겠느냐? 예주(豫州)와 한수(漢水) 남쪽까지 곧장 길을 내고 싶어! 너희들 생각은 어떠냐?"

자식과 손자들은 모두 찬성했다. 하지만 그의 아내만은 무리한 일을 벌이는 무식한 짓이라며 반대했다.

"아니, 늙은 당신의 힘으로 어떻게 저 큰 산을 깎아 없앤단 말이에

요? 또 파낸 흙은 어디다 버리려고? 참 나!"

우공이 말했다.

"흙은 발해(渤海)에 갖다 버리면 돼!"

아내의 만류를 뿌리치고, 다수결의 힘을 빌리기라도 하듯이, 우공은 이튿날 아침부터 세 아들과 손자들과 함께 돌을 깨고 흙을 팠다. 그리고 돌 부스러기와 흙은 삼태기에 담아 발해까지 가서 갖다 버리기 시작했다. 발해까지 한 번 갔다가 돌아오는 데 꼬박 1년이 걸렸다.

어느 날 지수(智叟)라는 사람이 비웃으며 말했다.

"아니, 죽을 날이 멀지 않은 노인이 정말 미쳤구먼!"

우공은 눈 하나 꿈쩍하지 않고 태연하게 말했다.

> 내가 죽으면 자식이 하고, 자식들이 죽으면 또 손자가 하고, 손자는 또 자식을 낳고 …… 이렇게 자자손손(子子孫孫) 계속 하면 언젠가는 저 산도 평평해질 날이 오겠지요. 허허!

이 말을 듣고 깜짝 놀란 것은 두 산을 지키는 사신(蛇神)이었다. 산이 없어지면 큰일이라고 생각한 사신은 옥황상제(玉皇上帝)에게 호소했다. 그러자 우공의 생각과 노력, 그리고 끈기에 감동한 옥황상제는 역신(力神)과 과아(夸娥)의 두 아들에게 명하여, 각각 두 산을 업은 후, 태항산은 삭동(朔東) 땅에, 왕옥산은 옹남(雍南) 땅에 옮겨 놓게 했다. 그래서 두 산이 있었던 기주(冀州)와 한수(漢水)의 남쪽에는 현재 작은 언덕조차 없다고 한다.

우공이산(愚公移山)!
우공이 산을 옮긴다!

이 꿈갈은 전설에서, '아무리 어렵고 험한 일일지라도, 끊임없이 노력하면 반드시 이룰 수 있다!'라는, 인간의 의지를 상징하는 표현이 등장했다.

유사한 말로는 '떨어지는 물방울 하나가 바윗돌을 뚫는다!'라는 '수적천석(水滴穿石)', '한줌의 흙을 쌓고 또 쌓아 산을 만든다!'라는 '적토성산(積土成山)'이 있다.

우화등선(羽化登仙) – 고통스런 현실, 미래의 이상향

문자

羽 깃 우　化 될 화　登 오를 등　仙 신선 선

독해

인간은 꿈을 먹고 사는 동물이다. 불행이 연속되는 고통스런 현실 속에서도, 더 나은 미래를 그리며 이상을 찾아 나선다. 중국이나 한국 역사에서 볼 때, 혼란한 시기에는 그런 이상향을 찾아 나서는 사유가 횡행했다.

'사람의 몸에 날개가 돋쳐 신선이 되어 하늘로 올라갈 수 있다!'라는 '우화등선(羽化登仙)'의 사유가 그런 것이다.

『고문진보(古文眞寶)』 후집(後集)에 당송팔대가(唐宋八大家)로 유명한 소동파(蘇東坡)의 「전적벽부(前赤壁賦)」가 실려 있다. 주지하다시피, 이 글에 나오는 무수한 문장들이 사람의 입에 즐겨 오르내린다. 「전적벽부」가 사람들의 절찬을 받고 있는 것은 이상향의 주구와도 연관된다. 글 속에는 유교의 현실 지향적 사유보다 현실을 벗어나려는 불교(佛敎)와 도교(道敎)의 사상적 깊이가 묻어나고, 사람들이 그런 사유를 따라 인생을 빗대어 보기 때문이다.

송나라 신종(神宗) 원년 5년 7월에 소동파는 양자강의 명승지인 적벽(赤壁)에서 놀았다. 그는 3년 전, '황제를 비방했다'는 죄목으로 귀양살이를 하게 되었다. 귀양 온 곳이 바로 이 적벽 근처였다. 중국의 송나라는 불교 사상, 특히 선(禪)의 영향이 컸던 시대다. 현실의 복잡한 정치 참여에서 벗어난 소동파는 귀양살이를 하는 동안 불교와 도교의 학설에 심취했다.

진정한 인생이란 무엇일까? 그 깨달음을 맛보기 위함이었을까? 아니면 자연과 벗하며 사는 인생이 즐거워서 그랬을까? 이유는 알 수 없다.

임술년 가을 7월 16일, 소동파는 찾아온 손님과 함께 배를 띄워 적벽 아래로 갔다. 맑은 바람이 조용히 불어와서 물결마저 일지 않았다. 술을 들어 손님에게 권하며 보름달의 시를 읊고, 그윽한 글로 노래를 불렀다. 조금 있으니, 달이 동산 위에 떠올라 별 사이를 거쳐 가고 있었다. 흰 이슬이 강에 내린 듯, 물빛은 하늘에 닿은 듯했다. 갈대 같은 작은 배에 몸을 내맡겨, 아득한 물 위를 거침없이 떠간다.

> 표표호(飄飄乎)! 여유세독립(如遺世獨立), 우화이등선(羽化而登仙)! 훨훨 허공에 떠 바람을 타고, 그칠 바를 모르듯 훌쩍 세상을 버리고, 홀몸으로 날개를 달고 신선이 되어, 하늘로 오르는 것만 갈다!

소동파가 말한다.

> 손님도 저 물과 달을 아시지요? 이렇게 흐르고 있지만 언제나 그대로요. 저렇게 둥글었다 이지러졌다 하지만, 끝내 그대로가 아닙니까! 바뀌는 측면에서 보면, 하늘과 땅도 한 순간을 그대로 있지 않지 않습니다. 바뀌지 않는 측면에서 보면, 만물이나 나나 다할 날이 없는 겁니다. 세상에 부러울 것이 무엇입니까?

손님이 기뻐 웃으며, 잔을 씻어 다시 술을 권했다. 안주와 과일이 없어지자 술잔과 접시들이 마구 흐트러진 채, 서로가 서로를 베고 배 안에서 잠이 들어, 동쪽 하늘이 훤히 밝아 오는 것도 모르고 있었다.

우화등선(羽化登仙)! '우화(羽化)'는 본래 '번데기가 나방으로 바뀌는 것'을 말한다. 그에 비유하여, '알몸뚱이 사람이 날개가 돋고,' '등선(登仙)' 즉 '신선이 되어 하늘로 올라가는 일'을 꿈꾸었다. 여기에서 '우화등선(羽化登仙)이라는 고사성어가 탄생했다.

위여누란(危如累卵) - 불안정, 위태로운 지경

문자

危 위태로울 위　如 갈을 여　累 묶을 루　卵 알 란

독해

인간의 특징 가운데, 핵심에 해당하는 것이 '언어'의 사용이다. '말을 어떻게 하느냐'에 따라 인간의 삶과 사회의 발전이 좌지우지되는 경우도 많다. '한마디 말이 천 냥 빚을 갚는다!'라는 속담도 있다.

중국 고대의 춘추전국시대에는 이 말을 무기로 하는 유세객(遊說客)들이 횡행했다. 제자백가 가운데 소진(蘇秦)과 장의(張儀)는 '합종연횡(合縱連橫)'으로 상징되듯이, 말을 가지고 외교 정책을 펴는 데 탁월했다. 이런 유세객 가운데 범수(范雎)라는 사람이 있었다.

『사기』「범수채택열전(范雎蔡澤列傳)」에 그의 일화가 의미 있게 담겨 있다.

범수는 위(魏)나라 사람이었다. 때문에 위나라 왕 아래에서 관직을 수행하고 싶었다. 그러나 가난하고 돈도 없었기 때문에, 먼저 위나라의 고위 관리인 수가(須賈)라는 사람 밑에서 조그마한 벼슬을 했다. 수가의 부하로 들어간 지 얼마 되지 않아, 수가는 위나라의 외교관이 되어 제(齊)나라로 가서 임무를 수행하게 되었다.

외교 사절로서 수가는 국가 간의 다양한 문제를 교섭하며 해결을 해야 했다. 그런데 여러 가지 요인으로 인해 그것이 쉽지 않았다. 교섭과 협상이 오래 진행되는 사이에, 갑작스럽게 범수에게 위험이 닥쳤다. 위나라의 비밀을 제나라에 누설하였다는 혐의를 받은 것이다.

위나라로 귀국한 수가는 이 일을 재상인 위제(魏齊)에게 보고했다. 그러자 위제는 화가 나서, 하급 관리들을 모아 놓고 범수에게 심하게 매질을 했다. 범수가 죽은 것처럼 보이자, 대나무로 만든 발로 감아 화장실에 내던져 놓고, 사람들에게 오줌을 누게 했다.

범수는 죽은 시늉을 하며, 나름대로 머리를 썼다. 문지기에게 뇌물을 써서, 그 자리에서 도망을 쳤던 것이다. 도망을 간 범수는 정안평(鄭安平)이라는 사람에게 자신의 몸을 의탁하며, 숨겨 줄 것을 부탁했다. 정안평은 범수를 감싸 주고, 이름을 장록(張祿)으로 바꾸게 하여, 위나라에서 탈출할 수 있도록 기회를 보고 있었다.

이때 진(秦)나라 소양왕(昭襄王)의 사자인 왕계(王權)가 위나라에 와 있었다. 왕계가 귀국할 무렵에 자기 나라에 필요한 인재를 구하고 있었다. 이 사실을 안 정안평은 장록을 그에게 추천했다. 이에 왕계는 장록을 만났고, 그가 비범한 인물임을 알았다. 그리고 그를 데리고 진나라로 돌아갔다.

왕계는 소양왕에게 위나라에 갔던 사자로서의 보고를 마치고, 다음과 같이 말했다.

> 위나라에 장록 선생이라는 사람이 있어 데리고 왔습니다. 얘기를 나눠 보니, 뛰어난 변설을 하는 훌륭한 선비입니다. 장록 선생이 저를 보고 말했습니다.
> "지금 진나라는 알을 포개 놓은 것처럼 위태롭습니다. 하지만, 자기를 등용하면 안전할 것입니다. 그러나 그 내용을 편지나 보고의 글로는 충분히 전할 수가 없습니다!"
> 그래서 제 수레를 태워서 데려왔습니다.

여기에서 '알을 포개 놓은 것처럼 위태롭다!'는 말이 '위여누란(危如累卵)'이다. 위험하기가 계란을 엮어 놓거나 포개어 함께 묶은 놓은 것같이, 곧 '깨질 수 있다'는 말이다. 그만큼 불안정하고 위험한 상태를 표현할 때 사용하는 언표다.

위편삼절(韋編三絶) – 소중한 내용, 반복하는 공부

문자

韋 가죽 위　編 책 편　三 석 산　絶 끊어질 절

독해

얼마나 글을 봐야 공부에 만족할 수 있을까? 얼마나 글을 읽어야 진리를 터득할 수 있을까? 공자는 '위편삼절(韋編三絶)'을 노래하듯이, 염원했다. 이 무엇을 의미할까?

중국 고대 사회에서, 종이가 발명되지 않았을 시기, 인간 삶의 기록은 죽간(竹簡)에 의지했다. 대나무를 불에 쪼여, 대나무의 푸른빛을 빼내 버리고, 그것을 대쪽으로 만들어 글자를 썼다. 그 죽간을 몇 십 장씩 끈으로 묶어서 책으로 만들었다. '책(冊)'이라는 한자도, 바로 '죽간을 엮어서' 만든 모양을 본뜬 글자이다. 그런데 그렇게 엮을 때 사용한 끈이 세 번이나 끊어지도록, 책을 계속하여 읽는 것을 '위편삼절(韋編三絶)'이라 한다. 물론, 그냥 숫자상으로 단순하게 세 번 끊어진다는 말은 아니다. 그만큼 되풀이하여, 책을 묶은 끈이 끊어질 정도로 많이 읽는다는 의미다.

이 말은 사마천(司馬遷)의 『사기(史記)』「공자세가(孔子世家)」에 기록되어 있다. 공자가 만년에 『역경(易經)』을 즐겨 읽으며, '위편삼절'에 이르렀다는 대목에서다. 『사기』의 기록은 다음과 같다.

> 공자는 만년에 『역경』을 좋아했다. 「단(彖)」·「계사(繫辭)」·「상(象)」·「설괘(說卦)」·「문언(文言)」 등을 짓고, 『역경』을 읽으며,

'세 번이나 가죽끈이 끊어졌다[韋編三絶]!'라고 하였다.
그러기에 공자는 말했다.
"내가 몇 해를 빌어 이와 같이 하면, 나는 『역경』을 통해 인생을 더욱 빛낼 수 있었을 것이다."

이런 기록은 『논어』에도 고스란히 들어 있다. 하늘이 나에게 몇 해의 수명을 주어, 『역경』을 배울 수 있다면, 『역경』의 이치를 거의 분명하게 얻을 수 있을 것이다!

『논어(論語)』「술이(述而)」의 기록은 다음과 같다.

공자가 말하였다.
"나의 수명을 몇 년을 더해 주어서, 50대에 이른 이후부터 『역경』을 배우면, 인생에서 큰 잘못은 없으리라!"

『논어』와 『사기』의 기록에서 볼 때, 이 내용이 어떤 상황에서 나온 말인지는 정확히 알기 어렵지만, 『역경』을 읽고 공부해야 한다는 취지는 분명해 보인다. 아마, 『역경』에 우주 자연과 인간 사회의 진리가 충실하게 담겨 있기에, 어떤 글보다도 열심히 읽고 싶다는 염원이 담긴 것이 아닐까?

어떤 차원이건, '위편삼절(韋編三絶)'은 소중한 내용이 담긴 책을 많이 읽었다는 비유에 해당한다. 오늘날의 공부 양상으로 말한다면, 핵심이 담긴 한 권의 책을 여러 번, 아니면 수십 번 되풀이하여 읽는 과정에서, 책을 제본한 부분이 갈라져, 다시 붙여서 또 읽는, 그런 상황이다. 끊임없이 반복해서 독해하는 공부의 모습을 일러 주는 언표다.

이심전심(以心傳心) - 마음으로 통하고 깨닫는 일

문자

以 써 이　心 마음 심　傳 전할 전　心 마음 심

독해

『전등록(傳燈錄)』에 재미난 기록이 전해 온다. 『전등록』은 중국 송(宋)나라의 승려 도언(道彦)이 여러 조사(祖師)들의 법맥(法脈)을 정돈하고, 여러 법어(法語)를 기록한 저술이다. 그 가운데 석가모니와 제자 가섭(迦葉)에게 얽힌 '이심전심(以心傳心)'이라는 언표가 전해 온다.

석가모니는 가섭존자(迦葉尊者)에게 불교의 진리를 전했다. 그런데 그것이 이심전심(以心傳心), 즉 마음에서 마음으로 이루어졌다는 것이다. 그 무대는 영산(靈山)의 집회 장소였다. 이 집회에 대해 송나라의 승려 보제(普濟)는 「오등회원(五燈會元)」에서 다음과 같이 기록하고 있다.

어느 날 석가모니가 영산에 제자들을 모아 놓고 설교를 했다. 그때 석가모니는 연꽃을 손에 들고, 손가락으로 쥐면서 제자들에게 보여 주었다. 제자들은 석가모니의 그 행위가 무엇을 뜻하는지 이해하지 못했다. 그저 잠잠히 앉아 있을 뿐이었다. 하지만 가섭존자만이 홀로 그 뜻을 깨달았다. 그리고는 빙그레 미소를 지었다. 석가모니가 연꽃을 손에 쥔 일에 대해 가섭존자가 미소를 지은 일, 이 사건이 다름 아닌 '염화미소(拈華微笑)'다. 석가모니는 가섭존자의 미소를 바라보며, 다음과 같이 말했다.

내게는 정법안장(正法眼藏)과 열반묘심(涅槃妙心)과 실상무상(實相無相)과 미묘법문(微妙法門)과 불립문자(不立文字)와 교외별전(教外別傳)이 있다. 나는 이를 가섭존자에게 부탁한다!

정법안장(正法眼藏)은 사람이 본래 갖추고 있는 마음의 묘한 덕성이다. 열반묘심(涅槃妙心)은 번뇌와 미망에서 벗어나 진리를 깨닫는 마음이다. 실상무상(實相無相)은 삶과 죽음의 세계를 넘어선 불변의 진리다. 미묘법문(微妙法門)은 진리를 깨닫는 마음이다. 불립문자(不立文字)는 깨달음은 글이나 말로 전하는 일이 아니라는 말이다. 교외별전(教外別傳)은 가르침은 경전에 의지하지 않는다는 의미다.

이 모든 표현은, 한 마디로 말하면, '이심전심(以心傳心)'이다. 즉 불교의 깨달음, 그 심오한 이치는 말로 표현할 수 없다. 때문에 마음에서 마음으로 전하여, 마음으로 깨닫게 한다! 가섭존자의 '염화미소(拈華微笑)'는 그것을 상징적으로 보여 주는 깨달음의 극치다.

이처럼 '이심전심'은 원래 불교 용어였다. 후대로 오면서 점차 일반 용어로 사용되어, '말 없는 가운데 마음이 서로 통하는 일', 또는 '잠잠한 가운데 서로 깨닫는 일'이라는 뜻으로 쓰이고 있다.

일거수일투족(一擧手一投足) - 약간의 수고로움, 딛고 일어서는 계기

문자

一 한 일　擧 들 거　手 손 수　投 던질 투　足 발 족

독해

사람을 꼼꼼하게 파악하려고 할 때, 그 사람의 '일거수일투족(一擧手一投足)'을 볼 필요가 있다. 또는 유명 인사가 어떤 행동을 할 때, 그분의 '일거수일투족'이 주목을 끈다고도 한다. 이처럼 어떤 사람이 보여 주는 '하나하나의 행위와 동작'을 표현할 때, '일거수일투족'이란 말을 사용한다.

이 표현은 당나라 때의 학자 한유(韓愈)의 「응과목시여인서(應科目時與人書)」, 즉 「관리 등용 시험에 응할 때 담당관에게 보내는 글」에서 나온 말이다. 한유는 중국 당나라 때, 고문부흥(古文復興)을 제창한 대표적 학자이다. 한유의 이 말은 『문장궤범(文章軌範)』이나 『당송팔가문(唐宋八家文)』에 실려 있다. 여기에서 '과목(科目)'이란, 말 그대로, '교과목'이란 뜻으로, 당나라 때 관리 등용을 위한 시험의 종류이다.

당나라 때의 관리 등용 시험에는 여러 가지 종류의 '과목'이 있었다. 한유가 시험을 본 것은 '박학홍사과(博學鴻詞科)'였다. 당시의 시험은 시험을 보려는 서생(書生)이 시험관에게 미리 시문(詩文)을 지어 편지로 보내고, 그 역량이 어느 정도인지 알아주기를 바라는 것이 관례였다. 한유의 이 편지도 시험관에게 보낸 것이었다. 아마 관리 등용을 담당한 정부의 어느 고관에게 제출한 편지일 것이다.

이때 시험은 2단계로 되어 있었다. 첫 번째 단계는 예부(禮部)에서 행해졌다. 여기에 합격하면 두 번째 단계는 이부(吏部)에서 시험을 받도록 되어 있었다. 한유는 25세에 예부 시험에 1단계 합격을 했다. 하지만 이부의 시험에는 몇 번을 응시하여, 탈락을 거듭했다. 이 글은 두 번째 단계인 이부의 시험관에게 보낸 것으로 알려져 있다.

편지의 핵심 내용은 간단하다. '나는 보통 사람과는 다른 걸출한 인물이다. 그러나 아무리 걸출한 인물이라도, 하늘에 오르려면 물이 있어야 하고, 물이 없으면 말라 죽어, 보통 사람들의 웃음거리가 될 뿐이다. 마르지 않고, 하늘에 올라가 훌륭한 관리가 될 수 있도록, 제발 이끌어 달라!' 이런 심경을 표시한 것은 일종의 부탁이다.

한유의 편지 내용을 대강 살펴보면 다음과 같다.

> ○월○일, 한유가 인사 올립니다. 하늘 연못의 물과 큰 강의 물가에는 괴물이 있다고 합니다. 그런데 그것은 평범한 물고기나 조개 따위의 시시한 종류와는 다릅니다. 물을 얻으면, 그것은 바람과 비를 부르고, 하늘 위아래로 올라가고 내려오는 것도 결코 어려운 일이 아닙니다. 그러나 물에 이르지 못할 때는, 그 간격이 6자나 그 2배 또는 1자 1치 정도의 길이에 불과합니다. 높은 산이나 큰 언덕이나 긴 길이나 위험한 곳이 그 사이에 있는 것은 아닙니다. 하지만, 어쨌든 마른 대로 내버려 두어, 물이 있는 곳에 가져가지 못한다면, 대개 10중 8, 9는 힘이 있는 자에게 비웃음을 사는 결과로 끝나게 됩니다. 힘이 있는 시험관께서 이를 불쌍히 여겨, 그 궁핍한 처지에서 옮겨 주어야 하지 않겠습니까? 그것은 '손을 한 번 들고, 발을 한 번 딛는 정도의 노력'에 지나지 않습니다!

여기에서 마지막 구절인 '손을 한 번 들고, 발을 한 번 딛는 정도의 노력', 즉 "일거수일투족지노(一擧手一投足之勞)"가 다름 아닌 '일거수일투족'의 출처이다.

'일거수일투족'은 원래, '손을 한 번 들어 올리고 발을 한 번 옮기는 일'이라는 뜻으로, '아주 쉽게 할 수 있는 일', 또는 '약간의 수고만으로도 해낼 수 있는 일'을 의미한다. 이것이 현대에 이르러 '하나하나의 동작이나 행동'을 상징하는 용어로 굳었다.

일자천금(一字千金) - 완결성, 탁월한 인재 초빙

문자

一 한 일　字 글자 자　千 일천 천　金 황금 금

독해

중국 고대의 전국시대 말기, 진시황제가 통일을 이루기까지의 역사는 정말 드라마틱하다. 역동적인 사건이 끊임없이 등장하며, 난세를 극복하는 모습이 잘 드러난다.

진(秦)나라의 효문왕(孝文王)은 즉위한 지, 불과 1년 만에 세상을 떠나고 말았다. 그러자 당시 태자인 자초(子楚)가 즉위했다. 이가 바로 장양왕(莊襄王)이다. 장양왕은 즉위하자, 자기를 태자로 만들어 준 여불위(呂不韋)를 재상으로 삼아 문신후(文信侯)에 봉했다. 그리고 하남(河南)과 낙양(洛陽)의 10만호를 식읍(食邑)으로 주었다.

하지만, 장양왕도 즉위한 지, 3년 만에 세상을 떠나고 말았다. 그러자 당시 13세에 불과한 태자 정(政)이 즉위했다. 이 왕이 나중에 진시황제가 된다. 새로 즉위한 왕은 여불위를 존경하여 상국(相國)으로 삼고, 중부(仲父)라고 불렀다. 이때 여불위의 권세는 진나라를 좌지우지할 정도로 엄청났다.

당시의 상황은 『사기』「여불위전(呂不韋傳)」에 다음과 같이 기록되어 있다.

여불위의 집에는 하인이 1만 명이나 있었다. 이때 각 나라에는 대단한 세력을 가진 귀족들이 버티고 있었다. 위(魏)나라의 신릉군(信陵君), 초(楚)나라의 춘신군(春申君), 조(趙)나라의 평원군(平原君), 제

(齊)나라의 맹상군(孟嘗君) 등이 그들이다. 이들 귀족은 서로 경쟁이라도 하는 듯이, 학자를 대우하고 빈객이 찾아오는 것을 반겼다. 여불위는 강대한 진나라가 그들에게 미치지 못하는 것을 부끄럽게 여겨, 학자들을 불러 후하게 대우했다. 때문에, 식객이 3천 명에 달하게 되었다.

당시, 여러 나라에는 유세를 잘하는 학자가 많이 있었다. 예를 들면, 제나라와 초나라에서 벼슬을 한, 순자(荀子)와 같은 사람들은, 책을 지어 그 이름이 세상에 널리 알려져 있었다. 그래서 여불위도 자기의 식객들에게 제각기 보고 들은 것을 쓰도록 하였다. 그렇게 편집하여 「팔람(八覽)」과 「육론(六論)」, 그리고 「십이기(十二紀)」 등 20여만 자에 달하는 책을 만들었다. 여불위는 '천지와 만물, 그리고 고금의 일 등이 모두 여기에 갖추어져 있다!'라고 생각하고, 책의 이름을 『여씨춘추(呂氏春秋)』라고 하였다.

이후, 여불위는 『여씨춘추』를 도읍인 함양(咸陽)의 서쪽 문이 있는 곳에 진열하였다. 그리고 그 위에 천금(千金)을 걸어 두고, 제후와 유세하는 학사, 또는 빈객을 유치하려고 하였다. 대신, 파격적인 조건을 제시했다.

> 이 책에 한 글자라도 첨삭할 수 있는 사람이 있다면, 이 천금을 주겠다!

이 말에서 나온 말이 바로, '일자천금(一字千金)'이다.

글자 하나에 천금이라니! 이 파격적 제안은, 말에 자신감을 실은 만큼 단순한 조건이 아니다. 당당하면서도 의미심장한 그 무언가를 담고 있었다. 한편으로는 '저술의 완결성을 자부하는 말'로 볼 수도 있고, 다른 한편으로는 '탁월한 식견을 가진 인재를 구하는 방식'으로 볼 수도 있다. 말이 그만큼 엄중하다.

조강지처(糟糠之妻) - 구차하고 비천한 시절, 함께 고생한 사람

문자

糟 술지게미 조　糠 쌀겨 강　之 ~의 지　妻 아내 처

독해

지금은 그런 말을 흔하게 사용하지는 않지만, 얼마 전까지만 해도 '훌륭한 아내'를 상징적으로 표현할 때, '조강지처(糟糠之妻)'라고 했다. 그래서 '남편이 조강지처를 버린다!'라는 상황이 엿보이면, 상당수의 사람들이 '천벌을 받는다!'라고 핀잔하며 비난하기도 했다.

'조강지처(糟糠之妻)'에서 '조(糟)'는 아직 '거르지 않은 술지게미'를 뜻하고, '강(糠)'은 '쌀겨'를 말한다. 간략하게 말하면, '조강'은 술지게미나 쌀겨와 같은 몹시 거친 음식을 가리킨다. 그러므로 '조강지처'는 그런 '거친 음식을 함께 나누어 먹고, 온갖 고생을 같이 한 아내'라는 의미다. 그런데 어찌, 구차하고 비천한 시절을 함께 살아온 아내를 버린단 말인가! 상식을 가진 건전한 인간이라면, 그럴 수는 없다.

중국의 후한(後漢) 때, 광무제(光武帝) 아래에서 벼슬을 한, 송홍(宋弘)이라는 사람이 있었다. 그는 행실이 정중하고 후덕하며 정직한 사람으로 세상에 잘 알려져 있었고, 나중에는 높은 벼슬에 이르렀다.

『후한서』「송홍전」에 다음과 같은 사실이 기록되어 있다.

당시, 황제인 광무제에게 호양공주(湖陽公主)라는 누나가 있었다. 호양공주는 남편이 죽고 홀몸이 되었다. 광무제는 여가가 생기기만 하면, 누나를 위로하며 마음을 달래 주었다. 그때마다 조정의 여러 신하도 마음이 편하지 않았다. 홀로 있는 호양공주에게 다른 사람을 소개하면 좋겠다는 생각을 갖기도 했다. 이에 호양공주가 어떤 사람에게 호의를 품고 있는지 조용하게 살폈다. 광무제도 누나를 마땅한 사람에게 다시 시집보낼 생각으로, 은근히 누나의 의향을 물어보았다. 그러자 공주가 말했다.

> 송홍과 같은 사람이라면 남편으로 우러러보고 살 수 있겠지만, 다른 사람은 별로야!
> 의연하면서도 후덕한 풍모를 갖춘 그분의 인품에 견줄 신하가 없어!

누나의 의사를 확인한 광무제는 누나에게 말했다.

"알았어! 내게 맡겨!"

그 후, 어느 날, 송홍이 용무가 있어 궁궐로 들어왔다. 광무제는 좋은 기회가 왔다고 생각하고, 호양공주를 병풍 뒤에 숨겨 놓고, 송홍과 주고받는 말을 듣게 했다. 공무를 마치고, 이런저런 얘기를 나누다가, 별다른 뜻이 없는 것처럼, 광무제가 송홍에게 물었다.

> 옛날부터 전해 오는 말에 "지위가 높아지면 친구를 바꾸고, 집안이 부유해지면 아내를 바꾼다!"라고 한 것 같은데, 그럴 수 있는 건가? 다시 말하면, 높은 지위에 올라가면 천하던 때의 친구를 버리고, 상당한 지위에 있는 사람들과 교제하고, 부유해지면 가난할 때의 아내를 버리고, 지체 높은 집안에서 아내를 새로 맞이한다고 하는데, 이것이 인정에 부합하는 일인가?

그러자 송홍은 조금도 주저함 없이, 딱 잘라서 대답했다.

아닙니다! 저는 "가난하고 천했을 때 사귀었던 친구는 잊어서는 안 되고, 술지게미와 쌀겨를 먹으며 고생한 아내는 집에서 내보내지 않는다!"라고 들었습니다.
빈천지교(貧賤之交), 불가망(不可忘)! 조강지처(糟糠之妻), 불하당(不下堂)!
이것이 진실이라고 생각하고 있습니다.

이 말을 들은 광무제는 돌아보며 말했다.

"잘 되지 않는군요!"

그것은 은근히 누나에게 자신의 마음 상태를 알리는 장면이다. 우리가 가끔씩 사용하는 '조강지처'의 출처가 바로 여기다.

조령모개(朝令暮改) - 현실 무시, 원칙 없는 무일관성

문자

朝 아침 조 令 법령 령 暮 저녁 모 改 고칠 개

독해

인간 사회에서, 변덕(變德)이 심하면, 지속적으로 일을 추진하기 어렵다. 개인의 삶도 질서 정연한 이치에 따라 전개될 수 없다. 그런 변덕스런 상황을 잘 일러 주는 말이 '조령모개(朝令暮改)'이다. 조령모개(朝令暮改)는 '아침에 내린 명령이나 법령이 저녁에 다시 바뀐다!'라는 뜻이다. 현실을 무시하거나 원칙이 제대로 서 있지 않아 갈팡질팡하는 처사다. 일관성 없는 일 처리가 잦을 때 쓰는 말이다.

사마천의 『사기』「평준서(平準書)」에, 다음과 같은 조조(鼂錯)라는 관리의 <상소문>이 기록되어 있다.

> 지금 현재의 제도로 보면, 다섯 명이 한 가족인 농가에서는 부역이 너무 무겁습니다. 이 부역에 매어 어렵게 사는 사람이 한 가족에 둘 이상에 이릅니다. 발갈이를 할 수 있는 경우에도 겨우 100무를 넘지 못하며, 100무에서 나오는 곡식은 100석을 넘지 못합니다. 관청을 수리하고 부역에 불려 나가는 일을 비롯하여 농사짓는 일에 이르기까지 사시사철 쉴 날이 없습니다. 이렇게 살기 힘든 형편에 다시 홍수와 가뭄의 재난이 밀어닥치는 경우, 뜻하지 않은 조세와 부역에 응하지 않으면 안 됩니다. 조세와 부역은 일정한 시기도 없이, 아침에 명령이 내려오면 저녁에는 또 다른 명령이 고쳐 내려옵니다. 조령모개

(朝令暮改)입니다! 전답을 잡힐 것이 있는 사람은 반값에 팔아 없애고, 그것도 없는 사람은 돈을 빌려 원금과 같은 이자를 물고 있습니다. 이리하여 논발과 집을 팔고 자식과 손자를 팔아 빚을 갚는 사람까지 생겨나게 되었습니다!

<상소문>의 내용은 간단하다. 지나친 세금과 부역은 장사꾼과 대부업자를 배불리는 결과를 가져오고, 농민들은 농토를 잃게 된다. 이에 세금과 부역을 줄이고, 힘 있고 재물 있는 사람에게 곡식을 바치고 벼슬을 사도록 하라는 것이다.

하지만, 조조는 부국강병책으로 중앙집권을 꾀하였다. 그러다 보니, 제후들 가운데 조금만 잘못이 있으면 트집을 잡고, 땅을 몰수하여 직속 군(郡)으로 만들었다. 그것이 화근이 되어 오초칠국(吳楚七國)의 반란이 일어났다. 자신은 그 죄로 인해 죽게 된다.

조조의 <상소문>에서 말한 '조령모개(朝令暮改)!' '법령을 자주 고쳐서 갈피를 잡기가 어렵다!'라는 표현이, 이후, 일관성이 없는, 무원칙의 의미를 상징하는 언표로 자주 쓰이게 되었다.

지록위마(指鹿爲馬) - 농락, 휘두르는 권세

문자

指 가리킬 지　鹿 사슴 록　爲 할 위　馬 말 마

독해

사람이 사람을 농락(籠絡)하는 일은 비참함이 따른다. 하지만 인류의 역사는 그런 시간을 수없이 허용해 왔다. 인간의 잔인성이 그렇게 공개적으로 자행되었다. 권세를 마음대로 휘두를 수 있는, 왜곡된 강요를, 당연한 일인 것처럼 말이다. 그렇게 도덕적 불감증인지, 인간의 본성인지, 구별하기 힘든 상황이 오늘도 전개되고 있을지 모르겠다.

『사기(史記)』「진시황본기(秦始皇本紀)」에 의미심장한 기록이 실려 있다.

중국 진(秦)나라 때의 이야기다. 진시황제(秦始皇帝) 37년 7월, 시황제는 순행(巡幸)을 하는 도중에 평대(平臺)라는 지역에서 죽음을 맞이했다. 죽음 직전, 황제는 당시에 북쪽 변방을 지키고 있던 큰아들 부소(扶蘇)에게 편지를 보냈다.

"급히 도읍인 함양(咸陽)으로 돌아가 장례를 행하라!"

이른바 마지막 조서(詔書)를 남겼던 것이다.

그러나 이 조서는 환관인 조고(趙高)의 손에 들어갔다. 시황제의 죽음을 계기로, 환관 조고는 야심을 실현할 수 있는 좋은 기회를 맞은 셈이다. 평생을 황제의 곁에 있었으니, 황제의 일거수일투족을 훤히 꿰뚫고 있고, 일종의 장막처럼 최고지도자를 섬기고 있었기에, 권력의 속성을 너무나 잘 알고 있었다. 이에 조고는 홀로 순행을 따라 온,

시황제의 또 다른 아들 호해(胡亥)를 설복했다. 그리고 승상인 이사(李斯)를 협박했다. 시황제의 시체를 숨긴 채 도읍으로 돌아오자, 거짓 조서를 꾸며 부소에게 죽음을 내렸다. 그리고는 호해를 황제로 즉위시켰다. 진나라 2세(二世) 황제의 등극이다.

이때부터 본격적으로 조고의 야심이 드러난다. 그는 점차로 2세 황제를 정사에 관심이 없도록, 정치에서 멀어지게 만들었다. 또한 이를 바로잡으려는, 어쩌면 조고의 야심을 방해하는 존재인 이사를 죽음으로 몰아넣었다. 그리고는 스스로 중승상(中丞相)에 올라 권력을 마음대로 휘둘렀다. 그렇게 조고의 야심은 그칠 줄 몰랐다. 조고 자신이 2세 황제를 대신하려고 야망을 도모하기에 이르렀다.

조고는 모반을 일으키려고 생각했다. 하지만 여러 신하들이 따라주지 않을 것을 두려워했다. 이에 먼저 시험이 필요했다. 그것은 농락이었다. 놀기를 좋아하는 2세 황제에게 사슴을 바치면서 말했다.

"폐하, 이것은 '말[馬]'입니다! 허허"

2세 황제 호해가 웃으면서 말했다.

"하하, 승상이 잘못 본 것입니다! 어찌 사슴을 가리켜 말이라고 하십니까?"

그러자 좌우에 있던 여러 신하들에게 물었다. 조고의 살벌한 권력에 짓눌린 신하들의 반응은 세 가지로 나눠졌다. 어떤 자는 잠자코 말하지 않았다. 또 어떤 자는 '말[馬]'이라고 말하며 조고에게 아첨했다. 또 어떤 사람은 사슴이라고 말했다.

이후, 조고는 간단하게 처리했다. 사슴이라고 말한 자들에게 죄를 덮어씌웠다. 뒤에 나타난 현상은 설명할 필요도 없으리라. 이제 모든 신하는 조고를 두려워하게 되었다. 환관 조고의 시대가 온 것이다.

그러나 이 무렵, 전국 각지에서 반란이 불타오르고 있었다. 국정농락으로 2세 황제를 속여 온, 조고도 이런 상황에서는 진실을 숨기기 어려웠다. 조고는 책임을 물을까 두려움을 느끼며, 2세 황제를 죽였다. 그리고 진시황제의 큰 아들인 부소의 아들 자영(子嬰)을 왕으로 삼았다. 하지만 자영은 아버지를 죽음으로 몰아낸 조고를 가만 두지 않았다. 조고는 자영에게 죽임을 당하게 된다.

'지록위마(指鹿爲馬)'는 환관 조고가 2세 황제 호해에게 저질렀듯이, '잘못을 강요하며 함정에 빠뜨리는 일', 또는 '윗사람을 농락하여 권세를 마음대로 휘두르는 것'을 뜻하는 언표가 되었다.

지음(知音) - 나를 알아주는 친구

문자

知 알 지　音 소리 음

독해

'알다.'라는 의미의 한자 '지(知)'는 다양한 개념으로 드러난다. 지식(知識), 지혜(知慧), 지성(知性) 등 일상용어에서도 아주 많이 쓰인다. 그렇다면 무엇을 아는 것이 중요할까? 세상의 수많은 사물에 관한 객관적 지식일까? 인간 사회를 살아가는 생활 요령일까? 아니면 인간 상호 간의 신뢰와 그에 관한 이해일까?

『열자(列子)』「탕문(湯問)」과 『여씨춘추(呂氏春秋)』에 의미 있는 일화가 등장한다.

중국 고대의 춘추시대, 초나라 사람인 백아(伯牙)와 종자기(鍾子期) 사이에 얽힌 사연이다. 백아는 성련(成連)이라는 사람에게서 거문고를 배운 후, 거문고 연주의 대가가 되었다. 하지만 그에게도 좌절의 시절이 있었다. 처음 3년 동안은 연주 실력에 전혀 진척이 없었다. 이에 성련은 백아를 동해(東海)의 봉래산(蓬萊山)에 보내 바닷물이 출렁거리는 소리와 새들이 지저귀는 소리를 듣게 했다. 감정이 움직이면 마음도 느끼는 바가 있는 법! 이런 사실을 깨달은 후, 백아의 실력은 일취월장했다. 종자기는 나무꾼이었다. 둘이 어떻게 만났는지는 알 수 없다. 분명한 것은 거문고 연주자와 나무꾼이 산과 강을 마음에 품었다는 점이다.

거문고의 대가인 백아가 연주를 하면, 저 멀리서 오던 종자기는 그

소리의 뜻을 잘 알았다. 백아가 '높은 산에 오르고 싶은 마음'으로 거문고를 타면, 종자기는 옆에서 이렇게 말했다.

"기가 막히는구나! 하늘을 찌를 것 같은 높은 산이 눈앞에 나타나 있구나!"

또 백아가 '흐르는 강물을 생각'하며 거문고를 타면, 종자기는 이렇게 말했다.

"참으로 좋구나! 도도히 흐르는 강물이 눈앞을 지나고 있는 것 같도다!"

그것은 연주에 대한 감탄이었다. 여기에서 '자신의 소리를 알아주는 친구'를 '지음(知音)'으로 부르게 되었다고 한다.

종자기가 죽자, 백아는 거문고를 부수고 줄을 끊어 버렸다. 그리고는 평생 거문고를 연주하지 않았다. 이 세상에 다시는 자신의 거문고 소리를 들려줄 만한 사람이 없었기 때문이다. 여기에서 '백아절현(伯牙絶絃)'이란 말이 나왔다.

백아와 종자기의 만남에서 볼 때, 음악의 곡조 소리를 잘 알아주듯이, 그렇게 마음이 서로 통하는 친한 벗이 얼마나 중요한지를 확인할 수 있다. 다시 말하면, '지음(知音)'은 '소리를 안다!'는 말이다. 그것이 확장되어 자기를 알아주는 '지기지우(知己之友)'와 같은 뜻으로 쓰이게 되었다. 상대방이 연주하는 악기 소리만을 듣고도, 그 사람의 속마음까지 알 수 있을 정도로, 서로가 마음이 통한다. 그것은 결국, 사람이 사람을 아는, 무언의 소통 방식이다. 불교에서 말하는 '이심전심(以心傳心)'이나 '염화미소(拈華微笑)'의 깨달음이 떠오른다.

천리안(千里眼) - 충실함, 미래를 내다보는 능력

문자

千 일천 천 里 거리 리 眼 눈 안

독해

인간의 감각은 일정한 제한이 있다. 눈으로 보고, 귀로 듣고, 코로 냄새 맡는 일 등, 특정한 짐승의 본능에 비해, 감각적으로 발달되어 있지 않은 경우가 많다. 그러나 일반 사람들과 다른, 특출한 능력을 가진 사람들이 종종 나타난다. '천리안(千里眼)'을 가졌다고 했을 때, 이 천리안의 소유자도 마찬가지다.

'천리안'은 불교에서 말하는 '안통(眼通)'과도 같다. 가만히 앉아서 천리 밖을 내다볼 수 있다! 즉 먼 곳에서 일어난 일을 즉각적으로 감지하는 능력을 의미한다.

『위서(魏書)』「양일전(楊逸傳)」에 다음과 같은 기록이 있다.

중국 남북조시대 북위 때, 광주(光州)자사로 부임해 온 양일이라는 사람이 있었다. 그의 나이는 당시 겨우 29세였다. 명문가 출신의 귀공자였지만 조금도 교만한 데가 없고, 사람들을 위해 정사를 돌보느라, 그야말로 침식을 잊고 일할 정도였다.

다스리는 지역의 주민들이 군대에 징발되어 전쟁에 나갈 때는, 아무리 비바람이 불고 눈보라가 치는 날씨일지라도, 몸소 나와 그들을 위로하고 격려하여 보내 주었다. 그렇게 다정한 성격을 지닌 그는, 한편으로는 법을 엄정하게 지켰다. 범법자는 지위와 귀천을 묻지 않고 용서하는 일 없이 법대로 죗값을 치르게 했다. 때문에 죄를 범하는 사람이 없었다.

양일이 다스리는 동안 흉년이 계속되어 굶어 죽는 사람이 많이 생겼다. 굶어 죽어 가는 사람들을 구제할 방법이 없자, 그는 나라의 승낙 없이는 열지 못하는 창고를 열어 사람들에게 나눠 줄 생각을 했다. 하지만 곡식 창고를 담당하고 있던 책임자는 문책을 겁내며, 이를 반대했다.

이에 양일이 말했다.

> 나라의 근본은 사람이다. 사람은 먹지 않고는 살지 못한다.
> 사람들이 굶주리고 있는데 임금만이 배불리 먹을 수 있겠는가!
> 이것이 잘못된 일이라면, 내가 죄를 달게 받겠다!

그리고는 독단으로 창고에서 곡식을 꺼내어 죽을 끓여 굶주린 사람들에게 나눠 주고, 그 사실을 나라에 보고했다. 나라에서는, "일을 독단적으로 처리했으니 당연히 죄를 물어야 한다!"라고 주장하는 신하들도 있었다. 그러나 임금은 '그와 같은 용단으로 인해, 수만의 굶주린 사람이 목숨을 건질 수 있었다!'라는 말을 듣고, 오히려 그런 긴급 조치가 가상한 일이라고 칭찬했다.

이렇게 백성을 사랑한 양일은 민폐를 없애기 위해, 곳곳에 감시원을 배치했다. 또한 군대나 말단 공무원들이 지방으로 나갈 때는 반드시 식량을 가지고 가게 했다. 지방 사람들이 그들에게 식사를 제공하려고 하면, 그들은 누구나 "양사군[양일]께서는 천리안을 가지고 계신데 어떻게 속일 수가 있습니까?"라고 하며, 이를 거절했다고 한다. 이처럼 바른 정치로 훌륭한 업적을 남겼지만, 양일은 당시 황제 자리를 엿보고 있던, 일문의 시기를 받아 죽고 말았다. 그의 나이 32세였다.

온 지역 사람들이 위아래 없이 슬퍼했다. 한 달 동안이나 마을마다 사람들이 제단을 만들어 놓고 억울하게 죽은 그의 명복을 빌었다고 한다. '천리안(千里眼)'은 바로 양일의 이런 '충실함'과 '미래를 내다보는 능력'에서 유래하였다.

청천벽력(靑天霹靂) - 뜻밖의 사태, 급격한 변화

문자

靑 푸를 청　天 하늘 천　霹 벼락 벽　靂 천둥 력

독해

세상에는 뜻밖의 돌발 사태가 수시로 발생한다. 교육은 그런 사태에 발 빠르게 대처할 수 있는 지혜를 구축하는 작업이다. 맑게 갠 하늘에 갑자기 천둥 번개가 치고 벼락이 떨어질 때, 문자 그대로 '청천벽력(靑天霹靂)' 같은 일이라고 한다. 이 말은 어디에서 나왔을까? 정말 이런 일이 비일비재한가?

한 시인이 노래했다. 남송(南宋) 때의 대시인이었던 육유(陸游)의 오언고시(五言古詩)에서다. 「구월사일계미명기작(九月四日鷄未鳴起作)」! 즉 「9월 4일, 아직 닭이 울지도 않는데 일어나 짓는다」라는 시가 있다.

방옹병과추(放翁病過秋),
홀기작취묵(忽起作醉墨).
정여구칩룡(正如久蟄龍),
청천비벽력(靑天飛霹靂).
수운타괴기(雖云墮怪奇),
요승상민묵(要勝常憫默).
일조차옹사(一朝此翁死),
천금구부득(千金求不得).
방옹(放翁)은 병으로 가을을 견디고,
홀연히 일어나 술 취한 먹으로 짓는다.

저리도 오래 구멍에 머무른 용처럼,
푸른 하늘에 천둥과 벼락을 날린다.
기괴하게 떨어졌다고 말들을 하지만,
오랫동안 침묵하며 견디어 온 것이다.
하루아침에 이 늙은이 죽으면,
천금으로 구해도 얻지 못한다.

방옹은 육유가 52세 이후로 즐겨 사용한 자신의 호이다. 북송(北宋)이 망할 무렵에 태어나, 남송(南宋)이 성립된 어려운 정국에서, 어떤 혜택을 받는 것도 없는 생애를, 강력하게, 그러면서도 유유자적하며 살아온 시인은, 때로는 나라를 근심하는 장수와 같기도 했고, 때로는 성미가 까다로운 고독한 늙은이기도 했다.

다시, 시로 돌아가면, 음력 9월은 가을이 끝나는 시기에 가깝다. 여름에서 가을까지 병상에 누워 지낸 육유는, 어느 날 아침, 닭보다 일찍 눈을 뜨고 병을 이기는 기분으로 일어났다. 취묵은 술에 취한 감흥을 타고 붓으로 쓰는 것을 말하지만, 여기서는 오랜 병으로 몸이 부들부들 떨리는 상황을 해학적으로 표현한 것이다. 부들부들 떨면서, 오래간만에 붓을 잡고, 놀라운 힘으로 쓰기 시작한다. 그 모습에서 삶의 엄정함이 보인다. '저리도 오래 구멍에 머무른 용처럼'에서 용(龍)은 이제 구멍에서 나와 하늘로 올라간다. 용이 하늘로 올라갈 때, 하늘이 진동하는 듯한, 격렬한 천둥과 번개를 동반한다.

여기에서 육유는 그 용이다. 용과 같은 기세에 몸을 말기어 쓰는 모습은 번쩍번쩍 빛나는 번개와 같다. 그러기에 '청천벽력(靑天霹靂)'은 한편으로는 붓을 움직이는 형세의 놀라움을, 다른 한편으로는 병든 사람의 갑작스러운 행동을 표현한 것으로 이해된다.

육유의 시에서 '청천벽력'은, 깜짝 놀랄 정도로 얼굴이 파랗게 질리는, 그런, 갑작스런 번개와 천둥은 아니다. 그러나 현대에는 '뜻밖의 사고', 또는 '급격한 변화의 발생' 등을 비유하는 말로 쓰인다.

촌철살인(寸鐵殺人) - 잡된 생각, 번쩍 깨치는 순간

문자

寸 마디 촌　鐵 쇠 철　殺 죽일 살　人 사람 인

독해

세상에는 놀랄 일들이 많이 발생한다. 한 마디 말로 사람을 당황하게 만들 수도 있고, 뒤로 넘어져도 코가 깨지기도 한다. 예상하지 못했던 일이 수시로 발생하고, 생각지도 않았던 일에서 감동을 느끼기도 한다.

'촌철살인(寸鐵殺人)'이라는 말도 그런 의미와 유사하다. '촌철(寸鐵)'은 '한 치밖에 안 되는 쇠'라는 뜻이다. 한 치라고 해봐야 3센티 정도 되는 길이다. 아주 작은 주머니칼이라고나 할까. 아주 짧고 작은 것을 비유한 말이 다름 아닌 '촌철'이다.

옛날부터 전해 오는 말인, '촌철도 몸에 지니지 않았다!'라는 '신무촌철(身無寸鐵)'이나 '촌철살인'이라고 했을 때, '촌철'은 매우 작은 무기를 뜻한다.

'촌철살인'은 나대경(羅大經)이 지은 『학림옥로(鶴林玉露)』에서 원형을 찾아볼 수 있다. 『학림옥로』는 나대경이 그를 찾아오는 손님들과 주고받은 재미있는 말들을 기록한 책이다. 천(天)·지(地)·인(人)의 셋으로 나뉘어져 있고, 전체 18권으로 되어 있다. 지(地)부 제7권 「살인 수단」에 다음과 같이 씌어 있다.

종고선사(宗皐禪師)가 선(禪)에 대해 말했다. 종고선사는 북송(北宋) 임제종(臨濟宗)의 선승(禪僧)으로 대혜선사(大慧禪師)라고도 불렀다.

> 선(禪)은, 비유하면, 사람이 수레에 무기를 싣고 와, 이것도 꺼내 써 보고, 저것도 꺼내 써 보는 경우, 그것은 올바른 살인 수단이 되지 못한다.
> 아즉지유촌철(我則只有寸鐵) 변가살인(便可殺人)!
> 나에게는 촌철이 있을 뿐이다. 그것으로 사람을 당장 죽일 수 있다!

선에 대해, 종고선사가 비유한 살인은, '육체적으로 사람을 죽이다!'라는 뜻이 아니다. 불교의 수행이다. 즉 사람의 마음속을 온통 점령하고 있는, 세속의 잡된 생각을 완전히 쫓아내어 없애는 것을 말한다. 마음에 일어나는 번뇌를 단번에 몰아내어 깨닫는 방식이다. 이때 세속의 잡념을 성급하게 없애려고, 이런저런 방법을 쓰는 것은, 모두 서투른 수작에 불과하다. 오로지 한 가지만을 깊이 생각하여, 번쩍하고 깨치는 순간, 모든 잡된 생각은 달아나게 된다!

이런 논리에서, 간단한 한 마디 말과 글로써 상대방을 당황하게 만드는 경우, '촌철살인'이라고 한다. '촌철살인(寸鐵殺人)'과 같은 한 구절의 글귀나 신문의 사설, 어떤 사람이 던지는 한 마디의 연설이 한 사회에 끼치는 영향은 막강하다. 그런 점에서 '촌절살인'은, '어떤 일의 급소를 찔러 사람을 감동시키는 일'을 비유하는 가장 간략하면서도 강력한 경구(警句)이다.

쾌도난마(快刀亂麻) - 가혹한 탄압, 신속한 처리

문자

快 통쾌할 쾌　刀 칼 도　亂 어지러울 난　麻 삼 마

독해

인간사에서 명쾌한 일 처리는 시원한 즐거움을 선사한다. 그만큼 분명하고 명확하며 통쾌하기 때문이다. 복잡하게 얽힌 일을 명쾌하게 정리하고 분석하는 작업! 그것을 비유하는 말이 있다. 다름 아닌 '쾌도난마(快刀亂麻)'이다. '잘 드는 칼로, 어지럽게 뒤얽힌 삼[大麻]의 가닥을, 단숨에 베어 정리하다!'

『북제서(北齊書)』「문선기(文宣記)」에 다음과 같은 이야기가 있다.

중국 고대의 남북조시대, 북조 동위(東魏)때 효정황제의 승상으로 고환(高歡)이라는 사람이 있었다. 고환은 어느 날, 자기 자식들이 얼마나 총명한지, 한 번 시험해 보려고 했다. 이에 시험 도구로 삼[大麻]을 택했다. 그리고는 흐트러져 얽혀 있는 삼을 자식들에게 한 줌씩 나누어 주면서 추려 보라고 했다. 자식들은 함께 모여 삼을 추리기 시작했다. 다른 자식들은 모두 삼을 한 올 한 올 뽑아서 추리고 있었다. 그런데 고양(高洋)이라는 아들은, 잘 드는 칼을 가져다가 얽혀져 있는 삼들을 단칼에 베어 버리고, 가장 먼저 삼을 추려내었다.

아버지 고환이 물었다.

"어째서 삼을 칼로 베어서 추리느냐?"

그러자 고양이 대답했다.

난자필참(亂者必斬)!
어지럽게 얽혀 있는 것은 베어 버려야 합니다!

이 말을 들은 고환은 생각했다.

"이 아이야말로 장차 큰일을 해낼 녀석이로구나!"

그 후, 고양은 효정황제의 제위를 찬탈하고, 북제(北齊)의 문선제(文帝宣)가 되었다. 이 때문에 소년 시절에 그가 삼을 추린 이야기가 『북제서』에 기록으로 실리게 되었다. 그로부터 정치를 하는 자들이 백성을 가혹하게 탄압하는 것을 가리켜 '쾌도난마'라고 부르게 되었다. 다시 말하면, '쾌도난마(快刀亂麻)'는 고양의 소년 시절 이야기인 '난자필참(亂者必斬)!'에서 유래한 것이다.

현재는 '복잡하게 얽힌 문제를 과감하고 신속하게 처리'하거나 '일 처리가 매우 명쾌한 것'을 비유할 때, '쾌도난마'라고 쓴다.

화사첨족(畵蛇添足) – 쓸데없는 짓, 안하는 것만 못한 일

문자

畵 그림 화　蛇 뱀 사　添 더할 첨　足 발 족

독해

세상에는 유용한 물건이나 의미 있는 일도 많지만, 쓸데없는 것도 많다. 유용한 것은 인간의 삶을 윤택하게 만드는 데 기여하지만, 쓸데없는 것들은 사회를 혼탁하게 만들거나 삶을 피폐화하는 데 일조하기 쉽다. 때문에 세상에 그런 존재가 어떤 방식으로 횡행하는지 눈여겨볼 필요가 있다.

중국 고대의 전국시대, 초(楚)나라 회왕(懷王) 때의 이야기다.

어떤 인색한 사람이 제사를 지낸 뒤, 여러 하인들을 불러 놓고 술 한 잔을 내놓았다. 그리고는 그 한 잔을 가지고 나누어 마시라고 했다. 그러자 한 사람이 이런 제안을 했다.

여러 사람이 나누어 마신다면, 간에 기별도 안 갈 걸세! 그러니 한 사람이 다 마시도록 몰아주는 게 어때? 몰아주는 방식은 간단해! 땅바닥에 뱀을 제일 먼저 그리는 사람이 혼자 다 마시기로 하는 게 어떻겠는가?

사람들이 모두 동의하며 말했다.

"그렇게 하세!"

그러자 모두들 잽싸게, 제각기 땅바닥에 뱀을 그리기 시작했다. 잠시 후, 뱀을 다 그린 한 하인이 술잔을 집어 들고 말했다.

“이 술은 내가 마시게 됐네! 하하. 어떤가? 멋진 뱀이지? 발도 있고 말이야. 하하하!”

그때 막 뱀을 그린 다른 하인이, 그 술잔을 빼앗아 단숨에 마셔 버렸다. 그리고는 다음과 같이 말했다.

“세상에 발 달린 뱀이 어디 있나! 그것 참 허허!”

술잔을 빼앗긴 하인은 공연히 쓸데없는 짓을 했다고 후회했다. 하지만, 술 한 잔은 이미 다른 사람의 뱃속으로 들어가 버렸고, 발버둥쳐 봐야 아무런 소용도 없었다.

이 이야기는 『전국책(戰國策)』과 『사기(史記)』「초세가(楚世家)」에 등장한다. 제(齊)나라를 방문한 진(秦)나라의 사신 진진(陳軫)이, 제나라 민왕의 요청으로, 초나라 재상 소양(昭陽)을 만나 제나라에 대한 공격 계획을 철회하라고 설득할 때, 인용한 얘기다.

화사(畵蛇)는 ‘뱀을 그리는 일’이고, 첨족(添足)은 ‘발을 덧붙여 그리는 것’이다. 이 말은 줄여서 ‘사족(蛇足)’이라고 한다.

일반적으로 쓸데없는 일을 하는 무용지물(無用之物), 있는 것보다 없는 편이 더 나음을 비유할 때, 쓰는 말이다. 또한 공연히 쓸데없는 일을 하다가 실패할 때도 비유로 쓴다. ‘화룡점정(畵龍點睛)’과 상반되는 언표다.

신창호

현) 고려대학교 교수
이메일 sudang@korea.ac.kr

교육철학잡기 7 [2024]
−100가지 고사성어, 그 유람과 교훈들−

초판발행 2026년 1월 2일

지은이 신창호
펴낸이 노 현

편 집 김용순
디자인 BEN STORY
제 작 고철민·김원표

펴낸곳 ㈜피와이메이트
서울특별시 금천구 가산디지털2로 53, 210호(가산동, 한라시그마밸리)
등록 2014. 2. 12. 제2018-000080호
전 화 02)733-6771
f a x 02)736-4818
e-mail pys@pybook.co.kr
homepage www.pybook.co.kr
ISBN 979-11-7279-193-3 03370

정 가 17,000원